KB041558

운의 힘

돈보다 운, 상위 1% 운의 비밀

운의 힘

박성준 지음

운을 모으고 / 운의 힘을 쌓아 / 앞길이 트이는 / 9일의 실천

Fortune before Money,
Fortune secrets of the top 1%

the power of 9 days fortune

소미미디어
Somy Media

나의 운을 단련하여
세상 속에서 당당하게 행복하라

"꽃길만 걸어라."

누구나 한번쯤은 이런 말을 건네받은 경험이 있을 것이다.

인생에서 어려움을 겪고 있는 사람에게 앞으로 좋은 일만 있으라는 격려의 한마디로 흔히 사용한다. 하지만 알다시피 우리 삶에서 포근한 햇살 아래 선선한 바람에 흩날리는 꽃잎 속을 걸어가는 듯한 봄날이 얼마나 되겠는가. 또 이렇듯 좋은 날씨와 잘 세팅된 꽃길만을 골라서 걸어갈 수는 있겠는가.

이렇게 다 갖춰진 꽃길이 어느 날 갑자기 눈앞에 펼쳐지는 것을 운이 트이는 것이라 여기는 경향이 적지 않은 것 같다. 운이란 과정 없이 결과만 있는 그 무엇이라 믿는 것이다. 마치 예금도 하지 않았는데 어느 날 통장에 큰돈이 들어와 있는 것처럼 말이다.

'이사를 한 후부터 일이 잘 되고 돈도 많이 벌게 되었다!'

'그때 그 사람을 만난 후에 인생이 이렇게 바뀌었다. 귀인이었던 것 같다.'

'내가 그때 그 선택을 하지 않았더라면 내 인생이 이렇게 되진 않았을 것이다.'

이런 예는 숱하게 많다. 그런데 사람은 나를 둘러싸고 있는 환경에 영향을 받는다. 그 환경은 공간의 입지와 내외부적인 모양에서부터 그 안을 채운 가구나 소품이 될 수도 있고 나와 오랜 시간을 함께 보내며 나에게 영향을 주는 사람들이 될 수도 있다. 어떤 유형의 천성과 기질을 가지고 있는 '나'라는 사람이 어떤 특정 '공간'에서 어떤 '사람'과 어떻게 지내느냐는 잘 변하지 않는 '나라는 사람'의 의식을 근본적으로 바꿀 수 있는 영향력을 행사한다. 그리고 그 의식, 잠재력과 기운이 변하면 인생이 바뀐다.

이렇듯 진정한 운이란 지금, 이 순간, 오늘의 내 생각과 행동과 선택이 켜켜이 쌓여 천천히 다가와 한순간 폭발적으로 커지며 앞으로 나아갈 길을 트이게 해주는 것이다.

이때 천지인(天地人)을 근간으로 한 오행, 역학, 풍수를 유용한 도

구로 활용하여 오늘의 나를 단련하고 준비하면 그 운의 힘은 더욱 더 길러질 수 있다. 운을 모으고 운의 힘을 쌓으면 좋은 운으로 가득한 앞길이 펼쳐져 있을 것이다. 이제 꽃길 말고 운(運)길을 만들어 걸어가라.

시간의 운, 공간의 운, 나의 운
3가지 운의 힘을 올리는 천지인 비법

운의 힘을 올린다는 것은 동양철학 명리학(命理學)에서 말하는 운의 구성 요소 3가지, 천(天), 지(地), 인(人)에 대해 잘 알고 이를 우리 생활 속에서 실천하는 것이다.

첫 번째 천(天)이란 시간이며 명리학에서는 운의 환경이라고 이야기해볼 수 있다. 곧 운이 좋은가, 안 좋은가를 보는 것이다. 사람은 10년마다 바뀌는 10년 대운(大運)과 매년 바뀌는 1년 세운(歲運) 안에 있다. 본인을 자동차에 비유했을 때 10년 대운이란 지금 자신이 포장도로, 아니면 비포장도로에 있는지, 포장도로에 있다면 고속도로를 달리고 있는 것인지, 아니면 신호등이 있어 중간중간 멈춰서 있어야 하는지를 말하는 것이며, 1년 세운이란 그 도로 안에서 잔사고나 정체가 있는 구간인지 아닌지를 판단해보는 것이다. 이러한 10년 대운과 1년 세운을 통해 자신의 운이 좋은지 나쁜지를 판단해볼 수 있다.

일상에서 내 운이 좋은지 나쁜지를 판단해보는 방법도 있다. 일을 진행하는 데 있어 연거푸 막힘이 생기며 일이 잘 풀리지 않을 때가 있는데, 이럴 경우에는 잠시 멈추고 가만히 있으면서 보수적으로 대응하는 것이 좋다. 반대로 주변에서 도와주는 사람들이 많이 있거나 타이밍에 딱 맞게 일이 잘 풀린다면 무엇인가 더 해보아도 된다고 볼 수 있다.

두 번째로는 지(地)인데, 이는 운의 공간을 말하며 흔히 풍수(風水)를 뜻한다. 사람이 집을 짓지만 집이 사람을 만든다는 이야기처럼 사람과 공간은 서로 영향을 주고받게 되어 있다. 좋은 집을 선택하고 그 안을 건강하고 행복한 공간으로 만드는 것이 중요하다. 우리 일상에서 바로 실천할 수 있는 풍수의 시작은 '버리고 비우기'이다. 운이 좋아지는 집을 만드는 방법은 쓰지 않는 물건은 버리고, 비우고 남은 물건은 정리정돈하여 채광, 환기, 통풍이 잘 되도록 하는 것이다. 이는 생기가 도는 공간을 만드는 것이니 중요하다.

마지막으로 인(人)은 곧 사람을 말하는데, 그 누구도 아닌 바로 나 자신을 말하는 것이며 운을 높이기 위해서는 자신의 천성과 기질, 태생적인 성향에 대해 올바로 아는 것이 중요하다.

운명이란 어떻게 보면 자신의 천성과 태생적 기질을 가지고 인생에서 일어나는 일들에 대응하고 선택해나갈 때 맥락적으로 일관된 추세를 만들어가는 것이다. 명리학에서 말하는 10가지 기질 중에서 어떤 것들이 있는지, 또 어떤 것이 강한지에 따라 사람마다 성향이 달라진다. 그리고 이러한 자기 자신의 성향을 파악하고 이해하는 것은 자신의 안 좋은 기질은 보완하고 좋은 기질은 발전시킬 수 있는 방법이 되는 것이다.

누구나 인생을 살다 보면 오직 시간만이 지나가는 것을 기다릴 수밖에 없는 무기력한 순간을 겪게 마련이다. 그럴 때일수록 자신의 천성과 기질을 잘 파악하여 자신의 내면으로부터 들어오는 행복을 지향하고 때를 기다리는 것, 멈추어야 할 때와 나아가야 할 때를 아는 것이 중요하다. 그리고 정성을 다해 좋은 공간을 만들면 어느새 운의 힘이 생기고 하나하나 쌓이게 되어 당신과 당신을 둘러싼 환경이 행복해질 수 있게 된다.

박성준

Contents

시간의 운을 모은다 - 천天
나의 시간을 진정한 사람으로 채운다

[1Day]
직관으로 통찰한다

[2Day]
맺어야 하는 인연과 버려야 하는 인연이 있다

TIME

[3Day]
머리가 아닌 가슴으로 움직인다

SPACE

내 운의 앞길이 트이다 - 인사

내가 변해야 비로소 운명이 바뀐다

[7Day]
자연보다 변하지 않는 사람,
그런 나를 바꾸는 지침

PEOPLE

[9Day]
자신에 대한 통찰, '나'를 안다

TIME

SPACE

PEOPLE

Chapter 1

the power of fortune

9 days

TIME

나의 시간을
진정한 사람으로
채운다

시간의 운을 모은다 - 천天

TIME

SPACE

PEOPLE

1
Day

직관으로 통찰한다

TIME

운의 맥을 짚는다

주식과 사주를 비교해보자면, 주식종목은 사주팔자의 원국이라고 할 수 있고 10년에 한 번씩 바뀌는 대운과 매년 달라지는 세운의 결과는 주식차트라고 할 수 있다. 오르락내리락 올랐다가 심하게 빠졌다가를 반복하며 우상향하기도 하고 내려가기도 한다.

또 하나의 예를 들자면 자동차가 사주원국이라면 대운이나 세운은 도로의 환경으로 비유되는 것과 비슷하다. 제아무리 성능이 좋은 차라고 하더라도 달리는 도로가 포장이 되어 있느냐 비포장이냐에 따라 달리는 속도와 안정감이 다를 수밖에 없다. 물론 차 자체의 성능이 우수하면 도로가 포장되어 있건 아니건 설령 산악길을 가로지른다고 하더라도 잘 지나갈 수 있다.

자동차라는 사주원국이 좋으면 도로라는 운의 환경을 덜 타게 되는 것이다. 반대로 자동차가 소형차에 성능도 별 볼 일 없다면 도로라는 운의 영향을 많이 받게 된다. 고속도로를 달린다고 하더라도 속도를 높이는 데는 한계가 있을 것이고 한계점을 넘을 정도로 액셀을 밟는다면 그로 인해 바람에 흔들리는 차체와 돌발 상황에 밟아야 하는 브레이크 성능에 기인한 사고를 감수하는 긱오 정도는 해야 한다. 또 산악길은 상상할 수도 없고 물난리라도 난다면 가로질러가려다가 물에 휩쓸릴 수도 있다.

운의 환경도 중요하지만 사주원국의 자동차 성능이 우수해야 하는 이유가 여기에 있다. 운의 영향을 덜 타며 무소의 뿔처럼 당당하게 전진할 수 있기 때문이다. 분명 운의 환경을 덜 타는 사주원국은 있지만, 그래도 운의 환경을 극복할 수 있다는 의식을 갖고 정진한다면 어느 정도는 달라질 수 있다. 자주 차를 닦고 점검하고 고치는 것을 게을리하지 않는다면 같은 차라고 하더라도 그 성능과 생명에는 큰 차이가 생긴다.

벼를 심어 쌀을 수확하는 농사일은 꾸준하고 장기적인 노력의 결과로 결실을 얻는 것으로 운이라기보다는 당연한 인과관계의 결과이다. 주식투자를 할 때 장기적인 관점에서 펀드를 사면서 마치 적금을 붓듯이 투자를 하여 수익을 내는 것과 비슷하다. 이와 달리 예년에 비해 특별한 비법을 쓴 것도 아닌데 풍년이 되어 돈을 크게 벌었다면 이것은 운의 영역이 된다.

주식 차트를 분석해보면 수익이 날 가능성이 높은 패턴을 볼 수가 있는데, 때를 기다리며 지켜보고 있다가 이런 패턴상의 수익구 간이 나올 가능성이 높을 때 단기적으로 들어가서 이익이 난다면 이것도 노력이긴 하지만 운도 있다고 볼 수 있다. 하지만 이는 사물 의 본질적인 핵심에 근접하여 맥을 짚었기 때문이다.

이렇듯 인생에서도 맥을 제대로 짚을 수만 있다면 무엇이든 열 심히 한다고는 하지만 기는 기대로 빠지고 딱히 별다른 성과도 못 내는 상황에서 벗어날 수 있다.

돌아가는 세상과 사람들, 그 안에 있는 나라는 사람에 대해 차분 하고 예리한 관찰력으로 꿰뚫어 볼 수 있을 때 운의 맥에 근접한 말과 행동을 할 수 있다.

쓸데없는 일들에 힘쓰지 말아야 한다. 맥 빠지는 상황을 자꾸 만 들면 망조가 든다. 자신의 에너지를 응집시키고 힘을 비축하는 충 분한 시간을 가진 후에 그 힘을 온전한 곳에 분명하게 써야 한다.

이판사판,
이판과 사판으로 판단한다

이판사판이라는 말이 있다. 막다른 데 이르러 어찌할 수 없게 된 지경이라는 의미지만, 이판(理判)과 사판(事判)으로 모두 좋게 나오면 일이 거의 성사될 것이니 깊게 생각하지 말고 밀어붙이라는 뜻이다. 여기서 판(判)은 판단력으로 이판은 눈에 보이지 않는 형이상의 세계로 본질, 즉 영적인 판단을 말하고 사판은 눈에 보이는 형이하의 세계로 현상, 즉 현실적인 판단을 말한다.

　이판은 직관적이고 직감적으로 내리는 판단이고 사판은 데이터를 분석하고 종합해서 합리적으로 판단하는 것이다. 관상을 볼 때도 이판과 사판의 영역이 공존한다. 사주와 궁합을 볼 때도 마찬가지로 음양오행(陰陽五行)과 그 생극제화(生剋制化, 생하고 극하고 억제하며 변한다)를 분석하는 합리적인 영역인 사판과 직관과 직감 또는 영적인 영역으로 판단하는 이판이 모두 포함되어 있다.

이렇게 간파하는 영역은 매순간 매우 중요하다. 운을 중요하게 생각하고 길하거나 흉한 징조에 민감하게 신경을 쓰며 분위기를 파악하여 일의 진행이 순조로울지 어려울지를 감각적으로 판단하는 것이다. 성공한 사람들이나 부자가 된 사람들이 유독 신경을 많이 쓰는 부분이기도 하다.

일을 할 때도 사람을 만나거나 애인을 사귀고 결혼을 할 때도 매 순간 판단의 선택이 쌓여 인생이 된다. 인생은 판단의 연속이다. 판단은 무의식적인 간파가 될 수도 있고 의식적으로 갈고 닦여진 직관이 될 수도 있다. 이렇게 타인이 구사하는 말이나 태도, 표정과 행동 안에 숨어 있는 이면을 읽을 수 있고 그런 판단의 결과가 쌓여 인생을 만드는 것이다.

결정과 선택을 잘못하여 인생에서 큰 과오를 범하게 되는 경우가 많다.

사람을 만날 때도 이판과 사판을 동원하여 인연을 만들고, 가까운 인연과 거리를 둬야 하는 인연을 확실히 해야 사람 때문에 곤란해지지 않고 인생이 지치지 않게 된다.

마음가짐이 쌓여서
관상을 만든다

좁은 의미에서 관상을 본다는 것은 한 사람의 얼굴을 살펴보는 것이지만 넓은 의미로는 얼굴뿐만 아니라 체격과 목소리, 평소의 생활태도, 밥을 먹고 잠을 자는 모습이나 일상의 습관을 보는 것까지도 모두 포함한다.

얼굴을 볼 때는 잘 변하지 않는 선천적인 요소인 전체적인 이목구비의 생김새를 관찰하여 인생의 큰 운에 대한 판단을 하게 된다. 그 후 얼굴의 찰색이라고 하는 색깔을 살펴 길흉을 파악한다. 홍윤색을 띠면 좋고 흑색이나 청색을 띠면 불길하게 본다.

사람의 얼굴을 보면 이목구비와 찰색이 한순간에 합쳐져 어떤 인상을 만들게 된다. '악하다', '독하다', '맑다', '깨끗하다', '모질다', '탁하다'라는 직관적인 인상일 수도 있고 '좋을 때는 같이 하나

뜻을 이룬 후나 자신의 이익을 위해서 배신할 상이다'라던가 '강하고 힘이 있는 자에게는 납작 엎드려 이익을 취하나 약자는 부려먹고 무시하며 취할 것은 모두 취하는 상이다'라거나 '돈과 목적을 위해서는 웃음을 팔며 수단을 가리지 않을 상이다' 등이 그런 것이다.

지방 도시에서 주유를 하기 위해 주유소에 갔을 때의 일이다. 주유를 도와주시는 직원분은 제법 연세가 있어 보이는 어르신이셨다. 주유 입구의 사이즈가 잘 맞지 않아 한동안 고생을 하시는 모습을 보니 죄송한 마음에 밖으로 나가 연신 그 마음을 표현하던 중 어르신이 하신 말씀이 기억에 남는다. 이곳에서 하루에도 몇백 명씩 사람을 상대하다 보니 이제는 차창 안쪽으로 보이는 손님의 얼굴과 목소리만 들어도 어떤 사람인지 어떤 식으로 자신을 대하거나 행동할지가 모두 보인다는 말씀이셨다. 좋은 사람 같아 도와주려고 했는데 잘 되지 않아서 미안하다는 말씀도 하셨다.

무수히 많은 사람들을 보다 보면 어느 순간 마치 눈이 깨이는 것처럼 한 사람의 얼굴에서 보이는 미적인 아름다움을 떠나서 어떤 성격과 기질인지가 보이게 되고 어떻게 말하고 행동하는 사람인지, 또는 어떤 인생을 살려고 하는 사람인지까지도 느껴지게 될 때가 있다. 그런데 이것은 가만히 보면 비단 얼굴만의 이야기는 아니다.

이목구비와 찰색도 중요하지만 표정과 말투, 태도와 걸음걸이, 목소리와 체격이라는 것들이 모두 포함되어서 느껴지게 된다.

어쩌면 이 모든 것들이 하나하나 쌓여 자신의 인생을 만들어가는 것이다. 전혀 무관한 듯 보이지만 알고 보면 서로 관계가 있다. 지금 짓고 있는 표정과 말투, 태도와 마음가짐이 5년 후, 10년 후 자신의 미래를 만들어가는 징조와 단서가 된다.

겸손한 태도로
운명과 함께 산다

그동안 정말 다양한 계층의 수많은 사람들을 만났다. 대기업 회장 일가, 기업인이나 정치인, 연예인과 연예인 가족들, 의사, 판사, 검사, 스님, 목사, 작가, 기자, 회사원, 미스코리아, 모델뿐만 아니라 이 외에도 세상에 존재하는 직업이란 직업의 사람은 모두 만난 것 같다. 몇조 원의 재산이 있는 사람, 사업이 망한 사람, 바람을 피우거나 바람피운 배우자를 곁에 두고 있는 사람, 암 투병 중인 사람, 우울증을 앓고 현재는 공황장애 진단을 받고 약을 먹고 있는 사람, 사업을 하다가 배신을 당하여 돈도 잃고 배신감에 절망하고 있는 사람, 직장상사 때문에 시달리고 있는 사람 등 영화에나 나옴직한 사연의 주인공 같은 사람들도 무수히 만났다.

이제는 들어올 때 인사하는 모습, 표정과 태도와 말 몇 마디만

주고받아도 대략 어떤 사주를 가지고 있겠구나 하고 유추가 된다. 꾸준하게 관찰하다 보면 작은 변화도 보이게 되고 앞으로의 인생도 볼 수 있게 되는 것이다. 어떤 사람인지 현재 어느 정도의 운을 누리고 있고 앞으로 어떤 큰일이나 실패를 하게 될지가 가늠이 된다. 아주 짧은 순간이지만 지금 보이는 모습은 비단 여기에서만의 모습은 아닐 것이기 때문이다.

안 되는 사람은 일단 부정적이다. 무슨 말에도 수긍하고 받아들이려고 하기보다는 의심하고 우선 '아니다'라고 반응하는 것이 습관화되어 있다. 또 말이 많다. 같은 질문을 반복적으로 하면서 말하려는 의도가 불분명하고 무슨 말을 하려는지 논점도 흐리다.

사업에 크게 실패하여 남은 것은 빚밖에 없다는 한 남자는 화와 짜증이 많아 보였다. 처지가 그러니 이렇게 되었다기보다는 오해하고 버럭 화를 내고 참지 못하는 그런 성격이 일을 그르치게 하는 경우가 많은 듯 보였다. 그 성격에서야 어디 주변에 좋은 사람이 버티고 남아날 수 있을까. 한 여자는 40대 중반밖에 되지 않았는데 목소리나 말투나 제스처가 족히 60대는 되어 보이는 복부인 행세를 하고 있었다. 건방지기 짝이 없고 가진 것이 없는 사람에 대한 무시가 말과 행동에 배어 있었으며 자신보다 못 사는 사람들에 대해 무슨 종을 다루듯 행동했다. 자신은 마치 귀부인인 척하는 오만함과 남을 업신여기는 태도가 이제는 '아우라'가 되어 그 여자를 감싸고 있었다. 그 주변에는 바보같이 착하디착한 사람만 버틸 수 있을 것이다. 복이 없고 천박한 행동은 사용하는 단어나 몸짓만 봐도 읽을 수 있다.

하지만 되는 사람은 차분하게 자기 이야기를 할 줄 안다. 자신이 처한 처지나 상황을 설명하며 정말 진지하게 조언을 듣고자 하는 마음을 가지고 있다. 조언을 듣고는 정말 궁금한 몇 가지를 묻고 대답을 들으며 자신이 스스로 정리하며 결정을 한다. 말을 할 때 기본적인 예의를 갖추고 있다. 적어도 '내가 돈을 내고 보는 것이니 한번 이야기해보시오' 같은 태도를 취하지 않는다. '저의 외할머님은 오래 사실 수 있을까요? 외할머니 건강은 어디가 안 좋을까요?' 같은 황당한 질문도 하지 않는다.

가장 다른 점은 운명과 자신의 인생에 대해서 경건하고 겸손한 마음을 가지고 있다는 것이다. 이런 마음이 있다는 것은 결국 그만큼 운명이 나아질 가능성이 커진다는 것을 의미하기도 한다. 운명을 무시하거나 비웃는 태도를 가진 사람이야말로 운명에 쫓겨 살아가기 쉽다.

운명이라는 것은 결정론적으로 당신은 이런 운명을 타고 났으니 반드시 이렇게 살게 될 것이라는 단정적인 이야기를 말하는 것은 아니다. 세상에는 운명이라는 것이 있으니 매사에 너무 오만하거나 삶과 인생에 있어 건방져서는 안 된다는 뜻이다.

그러니 지나온 경험과 지혜, 지식과 논리로 행동하더라도 운명을 경계하면서 조심스럽게 사는 태도를 가져야 한다. 운명과 삶, 그리고 인생에 겸손한 자세를 가지고 항상 조심을 한다면 위기의 상황에도 잘 대처할 수가 있는 것이다.

부정적인 감정은
사람에게 잘 스며든다

컨설팅을 위해 의뢰인의 집을 방문할 때가 있다. 사람의 얼굴이나 표정, 태도나 말투를 보고 사람을 파악하고 유추해보는 일도 흥미로운 일이지만 집을 살펴보고 거주자가 어떤 사람인지 더 자세하게 알게 되는 것도 매번 무척이나 흥미롭다.

집에 들어가면 단번에 퀴퀴한 냄새가 코를 찌르는 집도 있고 상쾌하고 청정한 공기로 몸과 마음을 편하게 만드는 집도 있는데, 공간은 아무래도 그곳에 살고 있는 사람을 닮는다. 또는 아픈 사람이 집에 있다거나 재정적으로 좋지 않은 상태를 반영하기도 한다.

아무튼 집은 그 사람의 취향이 반영되고 그 공간에는 거주자들의 감정이나 경험도 녹아나게 된다. 공간은 화목함이나 건강함도 담아내지만, 다툼이 많았다거나 건강이 안 좋게 된 집에는 아무래도 부정적인 감정과 정서가 알게 모르게 묻어 있게 된다. 싸우고 다투고 윽박지르고 욕을 하는 등 그 공간에서 일어났던 경험도 배게 되고 그러면서 겪게 되는 괴로움, 분노, 슬픔, 우울함, 막막함, 초조함과 불안 같은 감정도 스며들게 된다. 그렇게 쌓여간 경험과 정서는 집의 분위기를 만든다.

사람도 마찬가지다. 누군가에게서 미움을 받고 원망을 듣고 원한을 사게 되면 그 부정적이고 탁한 기운이 그 사람에게 묻는다.

자신도 모르는 사이에 실수를 하여 사람들에게 상처를 주는 일이 빈번할 텐데 누군가에게 가혹하게 해서는 안 된다. 가혹함은 억눌린 감정과 분노, 미움 같은 부정적인 감정을 만들어낸다.

문제가 생겨서 다툼이 일어났을 때 아무리 합리적이고 법적으로 문제가 없게 상대를 제압하여 이겼다고 하더라도 상대방 마음에는 억울함이나 원망이 서리게 된다. 상대방은 저주하고 복수하고 싶은 마음까지 들 수 있다. 생각만 해도 끔찍한 일이다.

자신이 한 말을 지키지 않으면 불신도 쌓여간다. 말을 해놓고 얼렁뚱땅 넘어가는 태도는 익숙해지면 자신은 의식하지 못할 수도 있지만, 그 말 한마디에 희망을 걸거나 기쁜 마음으로 기다리고 있을 누군가에게는 실망을 안겨준다. 그 실망이 반복되면 외면이 된다. 원래 그런 사람이라고 생각하고 별로 신경을 쓰지도 않게 된다.

사람들이 더 이상 귀를 기울이지 않으면 혼잣말이 된다. 혼잣말은 흉하다. 누군가에게 전해지지 않고 되뇌어지며 혼자 말하고 그 말이 자신의 귀로만 전해지는 말은 말의 본질과 속성에서 벗어나 있다. 모름지기 말은 내뱉어지면 그것이 행동으로 흘러가야 한다. 말은 행동이 되고 말에 책임을 질 수 있어야 한다. 말이 허공에 둥둥 정처 없이 떠다니게 해서는 안 된다. 죽어도 죽지 못하고 구천을 떠도는 영혼처럼 말이다.

미움, 원한과 원망, 불신을 사지 않도록 하고 그런 마음이 상대방에게 남는 일을 경계해야 한다. 그래야 당신을 끌어내리려고 하는 부정적인 에너지에서 벗어날 수 있다. 눈에 보이지는 않지만 당신을 둘러싼 에너지는 당신을 보호하기도 하고 나락 끝까지 떨어뜨릴 수도 있다.

시간의 운을 높이는 천天(TIME)의 비법

직관으로 통찰한다

- 운의 환경을 덜 타는 사주원국은 있지만, 그래도 운의 환경을 극
복할 수 있다는 의식을 갖고 정진한다면 어느 정도는 달라질 수
있다.

- 이판(理判)은 직관적이고 직감적으로 내리는 판단이고 사판(事判)
은 데이터를 분석하고 종합해서 합리적으로 판단하는 것이다. 매
순간 이러한 판단의 선택이 쌓여 인생이 된다.

- 지금 짓고 있는 표정과 말투, 태도와 마음가짐이 5년 후, 10년 후
자신의 미래를 만들어가는 징조와 단서가 된다.

$$1$$
Day

· 운명과 삶, 그리고 인생에 겸손한 자세를 가지고 항상 조심을 한다
면 위기의 상황에 잘 대처할 수가 있다.

· 미움, 원한과 원망, 불신을 사지 않도록 하고 그런 마음이 상대방
에게 남는 일을 경계해야 한다. 그래야 당신을 끌어내리려고 하는
부정적인 에너지에서 벗어날 수 있다.

TIME

SPACE

PEOPLE

2

Day

맺어야 하는 인연과
버려야 하는 인연이 있다

TIME

나의 아저씨를 찾고
내가 누군가의 아저씨가 된다

나는 누군가의 아저씨가 되려는 마음이 있는가. 나에게는 아저씨가 되어줄 만한 사람이 있는가. 드라마 「나의 아저씨」를 보면 주인공 이선균의 마음이 읽혀지고 보인다. 사주의 십성이라는 10가지 성향으로 보면 사람에 대한 관심과 사랑이 있고 정이 많으니 '정인'이라는 성향이 있을 것이고 보통은 참지만 욱하는 기질도 있고 의리와 강단, 의협심이 있으니 '편관'의 성분도 보인다. 깊은 속내의 감정을 잘 표현하지 못하고 회사라는 조직에서 정치적이 되거나 줄을 타지는 못하니 '식상'은 없는 듯하다. 분석하고 파고드는 '식신'은 있어도 적어도 남의 비위를 맞추고 영업도 할 수 있는 '상관'은 없어 보인다. 돈에 대해서도 돈 때문에 안절부절못하거나 욕심이 있어 보이지는 않으니 '재'가 발달하지는 않은 것 같다. 오히려 명분과 명예를 중요하게 생각하는 '관'이 발달했을 것이다.

특히 아내가 자신이 가장 싫어하는 대학 후배와 바람이 난 상황에서도 어떻게든 티를 안 내고 참고 견디고 버티려고 하는 성향은 여간한 '편관'이어서는 극복하기 어려우니 '편관'이 한 개가 아니라 여러 개일 가능성도 있겠다. '편관'으로 아내의 바람도 직장에서의 온갖 핍박도 견디고 버티니 그 속은 썩어 문드러질 지경일 것이다. 24살이나 어린 극 중 여자주인공인 이지은에게 쏟는 동정심과 따뜻한 마음은 약자에게 약하고 강자에게 강한 의협심인 '편관'의 성향과 함께 사람에 대한 애정과 측은지심(惻隱之心)을 느끼고 움직일 수 있는 '정인'이라는 성향이다. 따뜻한 어머님의 마음처럼 현실에는 없을 것 같은 사랑과 정을 주고 또 주어도 대가나 보상을 바라지 않는 측은지심 그 자체이다.

대학 후배인 자기 회사의 사장과 아내가 바람난 것을 알게 되어 마음의 고통도 이만저만하지 않고 여유도 없을 텐데, 그럼에도 이선균의 마음에는 다른 사람이 보인다. 그 사장이 직장에서 자신을 자르려고 발버둥까지 치는 상황에서 말이다. 이것은 타인에 대한 사랑과 관심이 있기 때문에 가능한 일이다. 자기 인생이 불행해졌다고 좌절하고 풀죽어 있거나 주저앉아 울고 있어도 전혀 이상하지 않은 상황에서도 타인에 대한 사랑과 관심을 놓지 않는 것은 위대한 일이기도 하다.

파견직 여직원 이지은에 대한 관심은 그저 따뜻한 사람으로서의 관심이다. 사람을 안다는 것은, 알고 지내며 웃고 이야기를 나누는 것을 넘어서는 것이다. 그 이면에 숨어 있는 그 사람의 삶, 처지와 사정을 이해한다는 뜻이다.

보통 자신의 고통만이 가장 크게 보이는 법이다. 자신에게 큰 고통이 없어도 다른 사람들의 삶이 눈에 잘 보이지 않는다. 흔히 사람은 모든 관심이 자신에게만 향해 있기 때문이다.

이제는 우리 자신도 자신의 밖으로 시선을 돌려 다른 사람을 볼 수 있도록 의식적으로 노력해야 하고 타인과 그들의 삶을 볼 수 있어야 한다.

이 드라마를 보면서 마음이 아리고 눈물을 흘리며 공감을 하는 사람들이 많은 이유는 여러 가지가 있겠지만 그 중 하나는 안타깝게도 우리가 사는 세상, 현실 속에서는 이런 인물을 쉽게 볼 수 없다는 데 있을 것이다. 물론 있기는 있다. 완벽하게 같은 사람 또는 비슷한 사람은 있다. 다만 그런 사람들이 나와 인연이 되어 이렇게 만나기가 어려울 뿐이다. 평생에 이런 인연을 이성이건 동성이건 만날 수 있다는 것은 단지 인연이라고만 말하기에는 뭔가 부족함이 있다. 운명 같은 만남이 이런 인연이 아닐까.

이런 운명 같은 만남을 막연하게 기다리는 것만으로는 부족하다. 이런 인연을 만나기 위해서는 우선 자신이 그런 사람이 될 수 있도록 노력해야 한다. 매사의 몸가짐, 마음가짐을 바르게 하고 자신의 인성을 높이는 데 관심을 갖고 노력하다 보면 바로 그런 인연이 나타날 수도 있고 적어도 서서히 그런 인연에 가까워질 수 있을 것이다. 또 설령 그런 사람을 못 만난다고 해도 아무리 사랑을 줘도 부족하여 더 아낌없이 주고 지켜주고만 싶은 상대를 내가 만들 수 있다면 적어도 내가 누군가의 '아저씨'는 될 수 있다.

아껴주고 지켜주고 무한한 사랑을 줄 수 있는 책임감은 아름답다. 아끼고 지켜주고 사랑을 주는 기운은 운을 무한대로 만들어낸다. 타인에게 돈과 시간을 들이고 정성을 다했다고 해서 자신이 희생당한 것이 아니다. 손해 본 것이 아니다. 눈에 보이는 돈의 가치만으로 봐서는 안 된다. 인생에서 버는 것은 돈만이 아니다. 우리는 경험도 벌고 인격도 벌면서 성숙해간다. 그런 과정을 겪어가면서 만들어진 고매한 인격은 억만금의 돈으로도 살 수 없는 가치 있는 경험이자 살아가는 데 있어서 큰 힘이 될 수 있는 원천이 된다. 아끼고 지켜주고 도와주는 일에 나서는 데 있어서 결코 망설이거나 머뭇거려서는 안 된다. 기꺼이 나서야 한다.

척하는, 과욕, 뒷말은
재수 없다

흔히 '재수 없다'는 상대방을 면전에 두고 말로 뱉기도 쉽지 않고
여간해서 누군가에게 직접 듣기도 어려운 말이다. 하지만 하루에
도 몇 번이고 혼잣말을 하고 속으로 생각하는 것은 잦은 일이기도
하다. 원래 '재수가 없다'는 말은 재물이 생기거나 좋은 일이 있을
운수가 없다는 뜻이다. 어떤 사람으로 인해 재수가 없을 것 같은 상
태가 되는 것에 대해 상대방을 적극적으로 대놓고 비난하는 말로
쓰인다. 요즘 너무 쉽게 쓰이는 말이라고 하더라도 이런 부정적인
말을 내뱉는 것이 좋을 리 없다.

재수 없는 상황이나 그런 상대를 만나지 않는 행운을 갖기는 쉬
운 일이 아니지만, 사실 그보다 더 중요한 것은 자기 자신이 재수

가 없는 사람이 되지 않는 것이다.

'척하는' 인간은 재수가 없다. 잘난 척, 예쁜 척, 상대방의 이야기를 흘려들으면서 귀를 기울이는 척, 과장된 반응을 보이는 표정이나 태도를 보이며 관심을 갖고 있는 척, 부드럽게 웃으며 온화한 척, 상대를 내면 깊숙이 무시하지만 존중하는 척 등 '척하는 것'은 모두 재수가 없다. '척한다'는 것은 자연스럽지 못한 것이니 추하다. 자연스러워야 아름다운 것이다. '척하는 것'이 드러나지 않을 거라고 생각하지만 당장 바로 알기 어려울 뿐이지 그 내면을 보는데는 그리 오랜 시간이 걸리지 않는다.

'과욕'도 역시 재수가 없다. 욕심이 있다는 것은 인간이 살아 있다는 증거이기도 하지만 과욕이라는 것은 타인의 처지나 상황을 전혀 고려하지 않고 자신의 욕심만을 추구하는 지나치고 이기적인 욕심이다. 이기적인 욕심은 타인의 삶을 살펴보지 않는다. 오직 자신의 이익만을 위해 계산하고 몰두한다. 남이야 어떻게 되건 말건 신경 쓰지도 상관하지도 않고 자신의 욕심을 채우기에만 여념이 없다. 남들을 짓밟고 욕심껏 잠시 호사를 누리고 넘어갈 수도 있겠지만 장기적으로 보면 꼭 탈이 나게 되어 있다.

타인에 대한 애정과 관심이 아니라 뒷말을 만들어내고 별것 아닌 일들에 호들갑을 떨며 소문을 만들어내는 사람 역시 재수가 없다. 한마디로 방정맞다. 남들과 비교하고 자신의 분수도 모르고 욕심을 내면서 남을 깎아내리고 비난하고 흉보는 것이 자신의 자존심을 살릴 수 있는 유일한 방법이라고 생각하는 듯 거침없이 화끈하게 다른 사람을 얕잡아 보는 말을 내뱉고 자기는 그러고 나면 다 잊는 쿨한 성격이라고 말한다. 그 뱉어진 말에 의한 타인의 상한 감정은 고스란히 그 사람 주위에 머문다. 부정적 감정의 에너지는 자신은 그럭저럭 넘긴다고 해도 자식에게도 좋지 않은 기운을 남긴다. 이 모두가 자신의 운을 깎아먹는 짓이다. 얼핏 보면 자신에게 꽤나 유리한 조건을 만들고 있다고 생각할 수 있겠지만 착각일 뿐이다.

세상은 그리 호락호락하지 않다. 안 보는 것 같지만 세상은, 사람들은 당신의 말과 행동을 지켜보고 있다. 세상이라는 필터는 악을 걸러낸다. 조금 일찍 걸러지거나 늦게 걸러지는 시간의 차이만 있을 뿐이다.

재수가 없는 사람들을 만나지 않거나 또는 그런 상황에 처하지 않는다면 '재수 없다'와 같은 부정적인 말을 하게 되지 않으니 나쁜 에너지가 쌓이지도 않겠지만, 그보다 자신이 '재수 없는 인간'이 되지 않는 것이 훨씬 중요하다. 타인의 '재수없음'이 나에게 묻어나는 것도 경계해야 할 일이지만 '자가발전 재수없음'의 그 농도와 밀도를 이길 수 없다.

싸가지 없는 자 운도 없다

싸가지가 없다는 말은 버릇없다, 예의 없다는 말이다. 싸가지라는 말은 '싹수'의 강원도, 전라도 사투리인데 싹수란 어떤 일이나 사람이 앞으로 잘 될 것 같은 낌새나 징조를 의미한다.

'될 성 부른 나무는 떡잎부터 알아본다'라는 속담이 있다. 장차 거목이 될 나무는 씨앗 속에서 처음 싹터 나오는 잎부터 그 징조가 보인다는 것이다. 이 속담에 쓰인 '떡잎'은 그래서 거목이 될 수 있는지를 보여주는 징표인 셈인데, 우리말에는 '떡잎' 외에도 흔히 '싹'이 이런 의미로 쓰인다. 특히 '싹'이 사람을 가리킬 때에는 '싹수'로 쓰이는 것이 보통이다. 이 '싹수'는 어떤 사람의 '앞이 트일 징조'를 가리키는데 '싹수가 있다'나 '싹수가 없다', '싹수가 노랗다', '싹수가 보인다' 등 여러 가지로 쓰인다.

전라도 말에는 표준말 '싹수'에 해당하는 말로 '싸가지'가 있는데 이는 '싹'에 '-아지'라는 접미사가 결합된 말이다. 물론 '-아지'는 강아지, 망아지와 같은 의미의 접미사이다. 전라도 말의 '싸가지'는 그 의미가 '싹수'와 같아 '싸가지가 있다', '싸가지가 없다'처럼 '있다', '없다'와 함께 쓰인다.

앞으로 잘 될 것 같은 낌새나 징조인 '싹수'는 예의인 '싸가지'가 있고 없음으로 가늠해볼 수 있다. '싹수'의 운명을 만들고 키우려면 기본적인 예의를 갖추어야 한다. 윗사람에 대한 예의는 기본이다. 식당에서는 상석에 웃어른을 모시고 웃어른이 운전하는 차에 타게 될 때는 뒷자리에 앉지 않고 조수석에 앉는다. 이런 기본적인 것조차도 지키지 않고 신경을 쓰지 않는 사람들을 종종 본다. '싸가지'가 없으니 '싹수'가 없는 것은 당연한 일이다. 웃어른뿐만 아니라 나이가 어리다고 하더라도 함부로 말하지 말아야 한다.

하루의 일과를 보내다 보면 수도 없이 많은 사람들을 마주 대하고 접하게 된다. 지위고하를 막론하고 자신과의 이익관계를 떠나서 누군가의 아버지와 어머니이고 아들, 딸인 사람에게 사람으로서의 기본적인 예의는 반드시 지켜야 한다.

대기 줄로 입구가 꽉 차 있는 고깃집에 순서가 되어 앉았다. 주문을 받는 직원, 반찬과 기본 야채를 주는 직원, 고기를 가져와 굽고 올려주는 직원까지 모두 나뉘어 한눈에 봐도 체계가 잡혀 있었다. 보통 잘 되는 회사나 식당은 기본적으로 질서와 체계가 잘 잡혀 있다. 특히 고기를 구워주는 여직원은 이렇다 할 말은 없었지만 차분히 고기를 굽는 자신의 일에 정성을 기울이고 있었다. 고기가 타지 않고 육즙을 머금고 있는 최상의 상태인지를 중간중간 확인하면서 고기를 굽고 먹는 방법을 차분하게 설명하는 모습이 인상적이었다. 과한 친절이 있었던 것도 아니다. 그저 자신의 본연의 일에 정성을 다하고 있었을 뿐이다.

자신의 일을 대하는 태도는 곧 그 사람의 격(格)이 된다. 그 격은 곧 앞으로 잘 될 것 같은 낌새나 징조인 '싹수'이기도 하며 포장하지 않아도 자연스럽게 드러나 함께 한 사람의 마음을 움직이고 유쾌하게 만들어준다.

과하게 칭찬하거나 입에 발린 소리를 하며 콧소리를 내지 않는다고 해도 갖추어진 예의와 정성을 다하는 태도는 사람의 마음속 깊은 곳에서부터 기쁨과 즐거움을 움트게 만든다. 그리고 그 에너지는 결국 본인에게 돌아오게 된다. 예의를 갖춘다는 것은 나와 함께 하는 사람들과 나의 일에 정성을 다하는 일인 것이다. 궁극적으로는 자신을 위한 일이기도 하다.

이상하면 도망간다

사람에게도 기미가 보인다. 그 사람의 말이나 논리나 표정, 행동을 조금만 지켜보면 어떤 사람인지 알 수 있고 앞으로 어떤 사고를 칠지도 예측해볼 수 있다. 어떤 사람의 말 속에는 남을 업신여겨 상대적으로 자신이 우위에 있다고 착각하며 즐기는 옹졸한 마음이 보인다. 또는 자격지심으로 가득 차서 함께 했던 타인을 비난하고 나쁜 말을 서슴지 않으며 잘못된 방법으로 자존심을 세우려는 그릇된 마음이 보이기도 한다.

이런 말 한마디로도 상대방을 간파해서 악연은 처음부터 가까이에 오지 못하게 해야 한다. 물론 첫눈에 사람을 판단하는 것은 다소 위험한 일일 수도 있다. 아름다운 인연을 놓칠 수도 있다. 하지만 어떤 인연으로 인한 더 큰 사고를 미연에 방지한다는 면에서 보면 인연을 끝내는 일에도 망설임이 없어야 한다.

드물긴 하지만 이런 일이 있다. 상담을 장시간 하며 가족이며 친구며 여러 사람에 대한 질문으로 두어 시간은 족히 상담을 한 후 상담료를 가져오지 않았으니 집에 가는 길에 입금을 하겠다고 한다. 그리고 입금을 하지 않는다. 며칠이 지나도 깜깜 무소식이다. 이럴 때는 굳이 전화를 하지 않는다. 이유는 하나. 정상적인 상태와 다른 상태, '이상한 사람'이기 때문이다. 그런 사람과 연이 닿거나 함께 해서 좋을 일이 없다.

그런데 보통 이런 이상한 사람들은 그 기미가 보이기 마련이다. 처음 만남의 시작이 조급하고 과장되고 칭찬을 한다거나 무언가가 과하다. 굳이 그렇게까지 할 필요가 없을 정도의 말이나 행동, 태도를 보인다.

오십 대 후반의 아주머님이 오셔서 우신다. 거의 통곡에 가깝다. 억울하고 안타까운 마음에 거의 정신줄을 놓으셨다. 선생님 살려 달라는 말을 연거푸 입에 달면서 꺼이꺼이 울음을 참지 못한다. 오지랖 같은 측은지심이 동하여 최장시간 4시간 가까이 목이 터져라 강연을 하듯이 상담을 했다. 하지만 곧 내 진심은 온데간데없고 홀연히 돈이 없다며 상담비용으로 꼬깃꼬깃한 돈 오천 원을 놓고 가신 그 아주머님을 잡지 않았다. 그냥 보내드렸다. 강남 한복판에 집과 건물이 있는 그 아주머님은 한마디로 이상했다.

가만히 생각해보면 상담 중에 끊이지 않고 푸념을 하고 상대방을 탓했던 모든 것들은 어쩌면 결국 그 아주머님의 일상화된 '예의 없음'에서 비롯된 것이다. 누군가가 주변 사람들이 자신에게 예의 없이 군다고 끊임없이 여러 사례들을 이야기할 때는 오히려 그렇게 말한 사람을 경계해야 한다. 자신에게는 예의 없이 굴지 않았던 특정인에 대해서도 예의가 없다는 말을 한다면 도리어 그렇게 말한 사람의 거만함과 무례함이 상대에게서 그런 태도를 부른 것일 가능성이 높다.

세상에는 함께 하면서 행복을 공유할 수 있는 소중한 인연이 얼마든지 있다. 악연까지 함께 포용하며 살만큼 한가롭지 않다. 인연의 가치 중 분명 버리고 잘라내야 할 연이 있다. 인연이라고 모두 다 같은 인연이 아니다.

좋은 운명과 기운은 종종 사람의 인연과 함께 온다. 그것은 좋은 사람과의 새로운 만남일 수도, 악연과의 영원한 이별일 수도 있다.

돈은 아끼고 운은 버리다

돈을 허튼 데 쓰지 않는 것은 중요하지만 아낀다고 능사는 아니다. 궁상맞게 아끼고 다른 사람이 돈을 대신 쓰기를 가만히 기다리는 것도 흉한 일이다. 상대방이 돈을 쓰게 하기 위해서 웃으며 쓸데없는 말을 늘어놓는 것은 수단이 좋은 것도 세상 사는 방법을 아는 것도 아닌 재수가 없고 얼굴이 두꺼운 것뿐이다. 결혼마저도 사랑은 없고 오로지 돈의 잣대로 만나서 인생 편하게 얹혀살려고 하니 참 사람이 할 짓이 아니다.

대학시절부터 돈 한 푼 안 쓰고 아끼며 다른 친구들에게 빌붙어 기생 비슷한 생활을 하던 이는 집안에 돈이 없어서가 아니었다. 그렇게 20년 넘게 흘러도 변함이 없다.

모임에서 한참을 웃고 떠들며 사람 좋은 양 즐겁게 시간을 보내지만, 계산을 할 때면 항상 대놓고 뒤에서 상황을 바라본다. 얼마나 이 생활에 길들여져 있는지 제아무리 술에 취해도 변함이 없다. 1차를 안 내고 2차를 내지 않았어도 3차를 가서는 뻔뻔하게 돈을 잘 버는 것 같은 친구를 지목하며 네가 사는 술 한 잔을 꼭 또 마시고 싶다고 한다. 이미 1차, 2차 모두 계산을 했는데도 말이다.

그렇다고 그렇게 아껴서 한남동에 고급빌라를 산 것 같지는 않았다. 처가의 도움을 받아 집을 사서 살고 있는데도 오히려 그것을 즐기는 눈치였다.

이렇게 얻어먹고 돈을 쓰지 않아서 그만큼 돈을 벌었거나 모았다고 좋아할 일이 아니다. 정작 깎아먹은 운은 어찌하려고 하는가. 마치 도로 아래 푹 꺼진 대지에 있는 집인 데다가 대문 앞으로 급한 경사로가 있고 옹벽이 앞을 콱 막은 매우 흉한 집을 싸게 샀다고 좋아하는 것처럼 현명하지 못하다.

운은 돈으로 살 수 있는 것도 아니다. 베풀고 선심을 쓰고 다른 사람이 이익을 먼저 취한 후 자신은 뒤늦게 챙길 수 있는 너그러운 마음이 행동으로 옮겨질 때 조금씩 만들어지는 것이다.

누구나 돈 때문에 힘들고 고통스러웠던 때를 생각해보면 큰돈을 사기 당했거나 부동산이나 주식 같은 투자에 실패했을 때이지 당연히 내야 할 도리의 돈을 썼을 때는 아니다.

당연하게 써야 하는 돈을 궁상맞게 아끼지 말고 여유가 있다면 또는 상대의 좋지 않은 처지를 우연히 알게 되었다면 조금 더 베풀면 된다. 티가 나지 않게 말이다. 돈은 흐르고 돌아야 돈이다.

선물은 소통이다

선물은 상대에 대한 이해와 고민을 충분히 해야 제대로 고를 수 있다. 어떤 취향이고 어떤 것을 좋아하는지에 대한 고민과 이런 선물을 주면 어울려서 좋을 것 같다는 생각에서 선물은 시작된다. 상대를 기쁘게 하기 위해서 고르는 시간과 정성도 선물에 모두 포함된다.

하지만 지지리 궁상에 복이 없는 사람들은 선물로 대충 '돌려막기'를 하려고 한다. 누군가한테 받은 선물 중 쓸데가 없거나 가치가 없거나 해서 마음에 들지 않는 선물을 대충 다른 사람에게 선물로 주고 숙제를 한 듯 개운해한다. 온갖 쓸데없는 잡동사니를 어딘가로 버리는 것처럼 선물로 주고, 선물을 했다는 마음을 갖고 편하게 생각한다. 그런 선물을 받은 상대방의 불쾌함은 잘 보질 못한다.

선물보다는 마음이 중요하다고 하지만 시간과 돈과 정성을 들이는 것이 곧 그 사람의 마음이다. 제아무리 웃고 떠들고 좋은 시간을 보내봐야 진정어린 마음으로 선물을 하지 않는다면 모두 소용없다. 특히 큰 도움을 받아 일이 잘 되었다면 반드시 보답하는 마음으로 정성을 표시해야 한다. 신세를 져서 잘 되었다고 하더라도 사람들은 자기가 잘해서라고 생각한다. 또 '어차피 저도 같은 생각이었고 그렇게 하려고 했어요'라며 상대방의 조언을 폄하하고 신세를 진 부담감을 떨치려고 한다. 참 복이 없는 행동이 아닐 수 없다. 스스로 복을 깎아먹는 행동이다.

상대방에게만 줄 수 있는 것을 선물하고 기쁨을 주는 것은 또 다른 방법으로의 소통이다.

말로 소통하고 약속을 지키는 행동으로 소통하며 상대에게 따뜻한 배려가 느껴지는 선물로 그 소통을 굳건하게 할 수 있다.

평소 고마운 마음이 들거나 존경하는 분에게 감사의 마음을 전할 때도 대접하는 마음으로 받은 고마움을 돌려줘야 운도 좋아지는 법이다.

인연의 끝을
원망하지 않는다

한번 사랑하면 영원한 사랑을 꿈꾸지만 시간이 지나면서 어느 한쪽이건 양쪽이건 사랑이 식기 쉽다. 사랑이 아닌 우정이나 친분도 처음에 시작했을 때와는 달리 만나다 보면 서운함도 생겨서 틀어지는 경우가 종종 생긴다. 그때 우리는 자책하게 된다. '내가 잘못한 것은 뭘까', '그때 그렇게 말하지 않았으면 이렇게까지 되지는 않았을 거야'와 같이 자꾸 그 원인이 무엇인지에 대해서 고민을 하면서 자신의 잘못으로 생각하고 자책하며 괴로워한다.

어떤 일이건 반성하고 되뇌어보는 것은 좋은 성찰이다. 하지만 관계라는 것은 한쪽의 생각으로 유지되는 것이 아니기 때문에 지나간 과거의 관계에 대해 지나치게 생각하고 고민하는 것은 자신의 에너지를 소비하는 것에 지나지 않는다.

한번 틀어진 인연을 돌려놓으려면 한쪽의 일방적인 희생이 있어야 하는 경우가 많다. 그 과정에서 심리적으로 지치게 되는 것은 둘째 치더라도 어렵게 관계를 회복한 듯 보여도 예전처럼 편안한 마음을 갖기가 어렵다. 자신이 돌려놓느라 쏟아낸 에너지 때문에 지니고 니면 또 다른 서운함도 생긴다.

이럴 때는 오히려 안 좋아진 관계를 돌리려고 애쓰지 말고 그냥 흘러가는 대로 두는 편이 낫다. 아주 안 좋게 끝난 경우가 아니라면 다시 만날 수 있는 기회가 있을 수 있다. 그러면 그때 자신의 진심을 이야기하는 편이 관계회복에 훨씬 더 건강하다. 연락을 안 하는 동안 줄곧 상대에 대한 생각을 한 것은 아니지만 상대에 대해 더 많이 이해하게 됐기 때문에 관계에 대한 마음도 가벼워진다.

사랑하는 사람과의 관계도 한쪽이 식을 수 있다. 어떤 이유였는지도 중요할 수 있지만 어쨌든 마음이 식고 관심이 적어졌다는 결과만을 놓고 보면 그럴 수 있는 문제라는 것이다. 처음에 관심과 좋아하는 마음이 생기고 사랑을 시작했다고 해서 마음이 식는 것은 있을 수도, 있어서도 안 되는 일이라 말할 수 없다. 그런 상황으로 흘러간다면 자연스럽게 받아들이면 된다. 식어가는 과정에서 분명 어떤 이유나 계기가 있었을 것이다. 처음에 호감이 생길 때 자신의 마음에 대해 머뭇거리고 고민했던 것처럼 마음이 식을 때에도 고민과 심지어 아픔마저 있었을 수도 있다.

사랑하는 사람이건 연이 다한 사람이건 사람관계는 애를 쓰는 것이 아니다.

사과할 일이라면 물론 해야 한다. 하지만 틀어진 관계에 대해 애써 돌리려고 하지 말고 흘러가는 대로 두는 것도 방법이 될 수 있다. 나중에 기회의 연이 닿을 때 진심을 담아 이야기한다면 도리어 상대도 언제 그랬냐는 듯이 풀릴 수 있다.

맺어야 하는 인연과 버려야 하는 인연이 있다

- 아껴주고 무한한 사랑을 줄 수 있는 책임감은 아름답다. 아끼고 지켜주고 사랑을 주는 기운은 운을 무한대로 만들어낸다.

- 척하는, 과욕, 뒷말은 자신의 운을 깎아먹는 짓이다. 얼핏 보면 자신에게 꽤나 유리한 조건을 만들고 있다고 생각할 수 있겠지만 착각일 뿐이다.

- 앞으로 잘 될 것 같은 낌새나 징조인 '싹수'의 운명을 만들고 키우려면 기본적인 예의를 갖추어야 한다.

- 인연의 가치 중 분명 버리고 잘라내야 할 연이 있다. 좋은 운명과 기운은 종종 사람의 인연과 함께 오기 때문이다.

2
Day

- 운은 돈으로 살 수 있는 것도 아니다. 베풀고 선심을 쓰고 너그러운 마음이 행동으로 옮겨질 때 조금씩 만들어지는 것이다.

- 말로 소통하고 약속을 지키는 행동으로 소통하며 상대에게 따뜻한 배려가 느껴지는 선물로 그 소통을 굳건하게 할 수 있다.

- 안 좋아진 관계를 돌리려고 애쓰지 말고 그냥 흘러가는 대로 두는 편이 낫다. 사랑하는 사람이건 연이 다한 사람이건 사람관계는 애를 쓰는 것이 아니다.

TIME

SPACE

PEOPLE

3
Day

머리가 아닌
가슴으로 움직인다

TIME

출문여견대빈(出門如見大賓)

이것은 『명심보감』 준례편에 있는 말이다. 밖에 나서는 순간 모든 사람을 큰 손님을 섬기듯 하라는 뜻이다. 이 마음만 지니고 있으면 자신도 모르게 저지른 결례들을 다시 저지르는 일은 줄거나 없게 될 것이다. 모두가 귀한 사람들이다. 우리가 만나는 모든 사람들과 인연을 귀하게 여겨야 한다.

오늘 만나는 귀인과 어떻게 스쳐지나갔는지 지금은 아무도 모른다. 관계의 끈을 놓지 않고 소원해진 사람과의 거리를 좁혀가는 것에 대해 관심을 갖다 보면 점점 자기 사람이 늘게 된다.

어떤 목적 없이 인연을 소중하게 생각하는 마음을 갖고 이 마음이 내면화가 된다면 당신의 얼굴도 변할 수 있고 인생이라는 운명도 변하게 된다. 이렇게 사는 것이 덕을 쌓는 것은 물론이고 어떤 면에서는 기부를 하고 있는 것이다. 진정한 기부란 1년 내내 남들에게 베풀지 않고 박하게 대하며 악착같이 번 돈으로 연말에 선심쓰는 연례행사가 아니다. 평소 주변 사람들에게 조금 아량을 베풀고, 직장이건 집에서건 내가 조금 덜 취하여 손해를 보고, 시장에서 물건 값을 과하게 깎지 않고, 택시를 타고 잔돈을 받지 않는 여유로움과 베풀 수 있는 일상의 마음에서 시작되는 것이다.

그런 마음은 상대방을 기쁘게 하고 삶의 활력을 줄 수 있다. 이런 활력은 이내 타인에게 전이되어 돌고 돌아 긍정적인 에너지를 만들어낸다. 돈에는 정가(定價)라는 의미도 있지만 그 이면에는 집안에서 가장이기도 한 사람의 삶과 그 가족들의 생활이 있다. 이것이 곧 적선(積善)이다.

이렇게 돈으로 하는 것도 적선이지만 미운 사람을 용서하고 평소 다른 사람들에게 너그럽게 대하는 마음도 적선이다. 다른 사람의 좋은 점을 찾아서 사람들 앞에서 칭찬해주는 것도 또 다른 의미의 적선이다.

방송인 K님은 사람들에게 서로 소개를 해주면서 단지 어떤 일을 하고 있다는 정도의 소개가 아니라 자신과 함께 했던 에피소드를 들려주면서 특별한 사람으로 만들어준다. 그 에피소드에는 항상 소개하는 사람에 대한 칭찬이 녹아 있어 남다른 애정을 느낄 수 있다. 이렇게 다른 사람들과 있을 때 지난 에피소드를 꺼내어 특별한 사람으로 자신을 소개하고 칭찬해주는 사람을 잊은 적은 없을 것이다. 항상 나를 좋게 봐주어 고맙고, 애써 매번 사람들 앞에 나서서 칭찬하며 자리를 마련해주니 미안함도 있을 것이다. 그러니 기회가 생긴다면 언젠가는 꼭 보답하겠다는 마음도 생긴다.

이런 적선은 결국 주변 사람들의 마음을 조금씩 사서 자신을 둘러싼 환경에 자연스럽게 우호적인 사람을 많이 둘 수 있게 만든다.

반면에 지인 중에 다른 사람들과 자리를 함께 할 때면 굳이 대놓고 흉까지는 아니더라도 장난스럽게 흉 같은 이야기를 하는 분이 있다. 악의가 있어 보이지는 않고 그냥 유쾌한 분위기를 만들어보려는 것 같긴 하지만 그것을 매번 다른 자리마다 듣고 있는 당사자의 마음이 그리 편할 리는 없어 보였다. 이렇게 알게 모르게 쌓인 감정들은 부정적인 에너지를 만들게 되고 그런 에너지가 좋을 턱이 없다.

남들이 자신을 따뜻하고 좋은 시선으로 바라보는 환경을 만들었을 때 마음도 평화로워지고 금전적으로도 풍요로워진다. 물론 이런 환경을 만드는 데는 남다른 노력이 필요하다.

사람들에게 박하게 하여 그 박하게 한 만큼 돈을 절약하고 모았다는 가치가 인생에서 가장 중요하다면 어쩔 수 없는 일이다. 가치라고 말하기에는 참 고약하다는 생각이 들지만 말이다.

우리는 기껏해야 100년을 산다. 그리고 부지기수로 많은 사람들이 그 명(命)을 채우지 못하고 어린 나이에 세상을 떠나고 있다. 매일같이 지겨운 일상일 수도 있지만 그 일상은 감사하고 너무나 소중한 하루이다. 매일 매일을 사람들과 나누고 함께 한다는 생각으로 살면 인생은 더 풍요로워진다.

세련된 배려는
감동을 준다

카페에서 만난 후 떠날 때 발렛파킹 요금을 상대방 차량도 함께 미리 티 나지 않게 지불해 놓는다든지 주차장에서 뒤따라오는 일행의 차보다 먼저 나갈 때 뒤차까지 같이 계산해주는 행동은 입가에 미소를 띠게 만든다. 언뜻 작을 수도 있지만 센스가 있는 배려이다.

그렇게 편하지 않은 상대와 같이 식사를 하는 자리에서 '이번에는 제가 사겠습니다'라고 말하는 것보다 각자의 식사 이외에 다른 요리 하나를 더 시키고 같이 먹은 후 '제가 먹고 싶은 요리를 시켰으니 이번에는 제가 사겠습니다'라고 하는 말이 더 따뜻하다. 상대방에게 부담을 주지 않고 티 나지 않게 사려는 마음이 느껴진다. 이런 상황에서 자신이 대접받았다는 것을 모를 리 없다. 반드시 생색을 내야만 상대가 이해하는 것은 아니다. 이런 배려는 기분 좋은 따뜻함도 느껴지지만 그렇게 행동한 상대에 대한 호감과 신뢰도 올라가게 된다. 이런 행동들은 평소 사람에 대한 애정과 일상의 상황에 대한 세밀한 통찰에서 만들어질 수 있다.

　다른 사람의 표정이나 행동 또는 자신이 움직이는 동선에 대해 무심코 넘어가지 않고 차분하게 맥락적으로 관찰할 수 있을 때 이런 작은 배려까지 할 수 있게 된다.

　그렇게 나와 상대를 둘러싼 환경들과 일어나는 일들이 보이기 시작하는 것이다.

　좌회전 차선은 비어 있고 직진 차선에는 차가 꽉 차 있다. 골목에서 빠져나온 차들이 좌회전을 하기 위해서는 바리케이드처럼 막혀 있는 저 직진하려는 차들을 뚫고 지나가야 하는 데 이게 쉽지가 않다. 이때 직진 차선의 한 운전자가 정지 신호로 바뀔 때 멈추어 지나갈 수 있는 통로를 만들어줬다. 통로를 만들어주면 좌회전하려는 차량들이 쉽게 들어가 텅 비어 있는 좌회전 차선으로 갈 수 있으니 전체적인 차량 정체가 다소는 해소될 수 있다. 어차피 기다려야만 하는 직진 신호등에서 통로 하나의 간격을 두고 기다리는지 아닌지의 문제이다. 그러니 그렇게 시간적으로 손해가 생기는 배려도 아니지만 이렇게 하는 사람들을 자주 보기는 어렵다. 바짝바짝 앞차와의 거리를 좁히는 데에만 집중하고 있기 때문이다. 조금이라도 벌어지면 그래서 다른 차량이 끼어들기라도 하면 꼭 큰 손해라도 생기는 것처럼 생각하는 모양이다.

사람은 누구나 자기를 위한다. 이기적으로 말하고 행동하는 것에 대해 비난만을 할 수는 없다. 하지만 조금만 맥락적으로 우리라는 전체를 생각한다면 기분 좋고 유쾌한 에너지를 주고받으며 더 좋은 기운으로 살아갈 수 있고 세상도 막힘없이 잘 굴러갈 수 있다. 또 이런 에너지는 쉽게 전이된다. 이렇게 양보와 배려를 받으면 받은 이는 또 쉽게 양보할 수 있는 마음이 생겨 실천하게 된다.

맥락적인 생각과
행동이 필요하다

올림픽대로 1차선을 50킬로미터 정도로 달리는 승용차를 앞에 두고 속도를 줄였다. 2차선에 차들도 많아서 여의치 않아 차선을 바꾸지 못했다. 그냥 천천히 따라갔다. 천천히 가는 승용차 앞 도로는 텅텅 비어 있었다. 고민이 있어 생각에 잠겨 있거나 통화를 하느라 속도가 줄었거나 어쨌든 이유는 있겠지만 퇴근시간이라 꽉 막힌 도로에서 혼자 유유자적하고 있었다. 제한속도인 80킬로미터까지는 아니더라도 조금만 더 속도를 내준다면 뒤따르는 차도 조금 더 달릴 수 있을 텐데, 그러면 뒤에 있는 아버지와 남편은 조금 더 빨리 가족들을 만나 식사도 하고 여유로운 저녁 시간도 보낼 수 있을 것이다.

사거리의 좌회전 차선 바로 옆 직진 차선에 승용차 한 대가 좌회전 깜빡이를 켠 채 멈춰서 있다. 좌회전 차선에 차량이 길게 줄서 있는 것을 보니 꽤나 급하긴 급한가 보다 싶었다. 그 긴 줄을 서지 못하고 직진 차선에서 뒷차들의 직진 통행을 모두 막으며 좌회전 깜빡이를 켜고 있는 모습은 물론 딱 보기에도 이기적으로만 보였다. 그 차 뒤에는 직진을 하려는 차들이 파란신호에도 가지 못하고 줄지어 있게 되었다. 막혀 있는 차들이 오른쪽 차선으로 차선을 변경하려고 해도 내리막길이라 세게 달려오는 차량들 때문에 쉽지 않아 보였다. 내 차도 멀찌감치 그 뒤에 줄을 서고 있었다. 자신의 시간만 생각한 이기적인 생각과 행동이 열 몇 대나 되는 차량을 막아 세우고 있는 것이다. 전체를 생각하지 못하는 맥락적이지 못한 이런 사고와 행동은 자신의 작은 이익을 위해서 많은 이들을 희생시켜야 한다.

자기 시간 10분을 아낀다고 기다리는 차량 10대의 10분씩 총 100분을 빼앗는 것은 명백한 도둑질이다. 남의 물건을 훔치거나 빼앗는 짓을 하는 사람만이 도둑은 아니다. 시간을 훔치는 것도 도둑이다. 약속시간에 늦어 급해서 약속을 지키기 위해 하는 행동이라고 하더라도 도둑질을 해서는 안 된다. 미리 충분하게 여유를 갖고 나오면 운전할 때 마음도 여유로워지고 급하게 분초를 다투지 않아도 된다. 신호등에 걸리거나 앞차가 끼어들어도 약속에 늦지 않을 정도의 여유를 가지고 나오면 마음도 안 급해지고 괜한 욕을 하는 일도 없을 테니 자신의 정신건강에도 좋다.

내가 취할 수 있는 것이 100이라고 할 때 다 취하고 먹으려고 하지 말아야 한다. 적당히 취하고 남들도 배려해야 한다.

자신의 이익만을 생각하지 말고 전체 이익의 합을 생각한다면 결국 그 좋은 운은 자신에게로 돌아오게 된다. 그리고 진체적으로 큰 맥락에서 자신의 위치를 파악하여 남들과 함께 하는 세상에서 우리 모두가 같이 조금 더 좋아질 수 있도록 매사에 고려할 수 있어야 한다. 우리는 경주마가 아니니 옆을 보지 않고 주변도 살피지 않고 오로지 자신의 목표만을 향해서 전력질주 하지 않아도 된다. 아니, 않아야 한다. 그러니 눈가리개는 이제 벗어버리고 나도 보고 주변의 사람들도 보며 전체와 우리를 읽어야 한다.

잡스럽지 않은 생활을 한다

공간에도 쓸데없는 물건이 쌓이면 산만해지고 찌꺼기가 가득하게 되어 좋은 에너지가 순환되지 않는다. 적당한 양의 쓸 만하거나 값어치가 있는 것을 담고 있어야 소유하는 것이지 다량의 물건을 이유나 목적 없이 가지고 있는 것은 혼란스러워질 뿐이다. 하물며 고물상의 물건들도 '판다'라고 하는 변치 않는 이유와 목적이 있다.

　말을 함에 있어서도 물건처럼 쓸데없는 말이 쌓이는 것을 경계해야 한다. 사람들이 만나서 소통한다는 것은 오해가 없도록 서로 뜻을 잘 전달하여 막히지 않고 잘 통한다는 뜻이다. 소통 전에는 각 객체가 바로 서는 태도가 중요하다. 바로 선다는 것은 타인을 대하는 태도에 있어 위계적인 마음이 없는 것부터 시작한다. 내가 상대보다 우위에 있다는 마음을 없애고 겸손하게 대할 수 있어야 상대를 존중할 수 있는 태도가 생긴다. 태도의 기미가 이상하면 상대는 본격적인 소통이 되기 전부터 불쾌함을 느끼게 된다.

한 시대를 풍미한, 이제는 일흔이 넘으신 방송인 H님은 뵐 때마다 겸손함과 다른 사람을 배려하는 언행으로 많은 깨달음을 주신다. 단체 사진을 찍을 때는 기꺼이 가운데 자리를 후배에게 양보하려는 따뜻한 마음을 보이셨고 엘리베이터에서는 두 손을 모으고 주변 사람들에게 피해를 주지 않고 예의를 갖추려는 모습을 보이셨다. 이제껏 당신의 삶과 일상에서 했던 지나간 실수에 연연해하지 말고 이제부터는 자신의 언행에 정성을 다하고 행여 나를 드러내려고 하는 욕심 가득한 말로 상처받는 타인은 없는지 주위를 세심하게 둘러봐야 할 일이다.

'후배들이 자기계발을 하고 강단에 설 수 있는 기회를 주겠다'는 말이나 '이 카페는 수익을 목적으로 하기보다는 지역사회의 복지를 위해서 운영하고 있다'는 말은 얼핏 들어서는 상당히 바람직하고 옳게 보이는 말이지만, 그 이면의 목적이 후배 강사들의 강연 수수료나 실제로는 카페의 영리만을 목적으로 운영되고 있다면 저런 말처럼 위선적이고 건방진 말도 없다. 건방지고 화가 난 듯한 태도와 말투, 짜증이나 불만이 가득하거나 아니면 위선적인 태도, 항상 자기 본위로 멋대로 하지 않으면 직성이 풀리지 않는 몰상식적인 태도는 첫인상부터 상대방에게 불쾌함을 주어 자신을 보여주기도 전에 상대방의 마음을 닫게 만든다.

언령(言靈)이라는 말이 있다. 말에는 영적인 힘, 즉 영혼이 깃들어 있다는 말이다. 무심코 내뱉은 말이라도 일단 입 밖으로 나오게 되면 그게 자기 자신이 되건 타인이 되건 마음을 움직이고 행동을 하게 한다.

말이라는 것은 자신에게 되뇌는 말이 될 수도 있고 타인과의 소통일 수도 있지만 어쨌든 마음과 행동을 움직이건 소통을 하건 목적이 있어야 한다. 목적이 없는 말은 혼잣말이 되고 중얼거리는 것은 운을 깎아먹는 흉한 일이다.

약속을 지키며
소통을 만든다

소통은 작은 약속을 지키면서 시작된다. 약속을 지키지 않고 좋은 관계를 맺는다는 것은 사실상 불가능하다. 약속은 자신이 입 밖으로 낸 말을 마무리 짓는 것이다. 입 밖으로 나간 에너지가 허공을 맴돌게 되면 자신의 평판을 깨거나 흔든다. 허공으로 도는 헛된 말들은 찌꺼기가 되어 자신에게 쌓이게 된다. 그리고 그 찌꺼기는 상대방의 원망이나 불신, 분노 같은 감정이 배어 있게 되어 그것이 쌓이면 폭언이나 폭력으로 이어질 수도 있다.

아무리 의도가 좋은 말이라고 하더라도 지켜지지 않으면 실없는 소리가 된다. 그냥 별 뜻 없이 내뱉은 말이라도 듣는 이가 간절하면 그 말은 큰 의미가 된다. 기대를 하게 되고 나름대로 계획을 세울 수도 있다. 지켜지지 않을 때의 절망감은 모욕으로 느껴질 수도 있고 그것이 반복되면 농락당한 기분마저 들 수도 있다. 실없는 소리를 해서는 안 되는 이유이다. 말은 뱉어버리는 껌이 아니다. 말은 내팽개치면 안 된다.

특히 사업을 할 때 소통과 지켜진 약속은 신뢰를 쌓고 회사의 평판을 만들어가게 된다. 약속이 쌓여 신뢰가 되고 이렇게 만들어진 평판은 혹여 회사가 어려울 때 내부의 직원과 외부의 협력업체에서 이해와 응원의 힘으로 지지하게 만든다. 그리고 반드시 멋진 성과로 보답을 받게 된다.

K님의 사업은 그야말로 승승장구였다. 급격하게 늘어가는 매출의 여세를 몰아 앞으로 계속 나아가고만 있었다. K님에 대한 이야기는 직접 뵙기 전부터 다양한 분들에게서 접할 수 있었는데 그 중 유독 한 분의 이야기가 아직도 인상 깊게 남아 있다. '그 분과 같이 사업을 할 때가 제 인생에서 가장 행복한 순간이었어요. 대금지급도 확실하고 단 하루도 약속을 어기신 적이 없으셨거든요. 외국기업에 브랜드를 수천억에 매각했다는 기사를 접하고는 정말 제 일처럼 기뻤습니다. 그렇게 될 만한 분의 당연한 결과라고 생각했고 또 앞으로 더 잘 되시라고 마음속으로 응원도 했습니다.' 인연의 조금 먼 곳에 있는 누군가에게서 이 정도의 이야기를 들을 정도면 이미 충분히 가치 있는 인생이 아닐까.

이런 칭찬은 사람의 입에 자주 오르내리게 된다. 그리고 평판을 만든다. 평판은 하루아침에 만들어지지 않는다. 서서히 만들어져

한 사람의 인생을 일순간에 때로는 나락으로 때로는 최고의 자리까지 올라가게 하는 에너지를 준다.

약속을 지킨다는 것은 내뱉은 말에 대한 책임을 지는 것이고 다른 사람의 시간을 낭비하지 않게 지켜주는 것이다.

시간에 대한 예의를 갖추고 사는 것은 사람들에게 감사하는 마음을 가지고 공간에 예를 갖추는 것처럼 중요하고 가치가 있는 일이다.

'평생 다시는 연락하지 말기를 바란다.' 살면서 이런 말을 들어본 적이 있다면 오로지 상대방 탓만 하며 비난할 생각을 멈추고 자신을 돌아보며 반성해봐야 한다. 이 말은 한순간 만들어진 말이 아니기 때문이다. 그동안 자신이 해왔던 태도, 말과 행동으로 인한 소통의 문제가 쌓이고 쌓여 듣게 된 말이다. 그 쌓여가는 과정을 인지할 수도 없었던 무심함과 통찰력이 없었던 자신을 탓할 일이다.

소통을 위해서는 상대방의 말을 잘 들어야 한다. 이 말은 진리다. 좋은 대화가 이어지기 위해서는 우선 마음이 편안하고 불쾌감 같은 것이 없어야 한다. 상대가 내 말을 듣지 않고 기억하지 못해 자꾸 반복해서 같은 말을 묻는다거나 자신이 해왔던 말의 맥락을 스스로 잊어버리고 딴소리를 자꾸 하면 상대는 대화 자체가 하기 싫어진다. 상대방이 내 말에 귀를 기울이지 않는다는 것은 대번에 알 수 있다. 그때부터는 짜증이 나는 것이다.

쓸데없는 말들이 반복되면 이 역시 찌꺼기가 쌓이는 대화가 된다. 불필요한 헛방과 헛발질을 말과 행동에서 줄여나가다 보면 내 안의 에너지가 흩어지지 않고 응집되기 시작한다. 그리고 내가 해야 할 말과 행동, 나아가야 할 방향 같은 것들이 눈에 선명하게 보이기 시작한다.

Give and Forget,
아낌없이 주고 잊는다

사랑하면 주고받는 손익을 따지지 않고 주고 싶고 퍼주게 된다. 상대방에 대한 측은지심이 들어서 별다른 계산을 하지 않고 그냥 주고 싶어진다. 사랑하고 안타까우니 주고 또 주지만 넉넉하게 주지 못하니 주는 쪽에서 도리어 미안한 마음이 들기도 한다. 더 많이 줄 수 없는 것이 속상하다.

상대에게 주는 것이 돈이건 시간이건 주는 사람의 깊은 정성이 필요한 일이다. 자신이 누릴 수 없는 또는 주는 행위로 인해 누리지 못하는 부분이 생기지만 그것마저도 감수하지 못하면 줄 수 없다. 사람이기 때문에 이성적으로나 심적으로 주는 행위에 대해 '이렇게 하는 것이 과연 맞는 것일까?'라는 갈등이나 고민도 생길 수 있지만 그 감정을 이겨야만 줄 수 있으니 주는 행위 자체만으로도 충분히 칭찬받을 가치가 있다.

그러니까 무엇인가를 준다는 것은 그 자체만으로도 가치가 있는 일인 것이다. 다른 사람의 인생과 삶이 보여야 할 수 있는 행동이기 때문이다.

주는 쪽의 자존감을 높일 수도 있거니와 사랑이건 측은지심이건 사람에 대한 관심 없이는 불가능한 일이기도 하다.

받는 쪽에서도 처음에는 고마움이 앞선다. 이런 각박한 세상 속에서 쉽게 줄 수 없다는 것을 알기 때문에 감사하는 마음이 생긴다. 하지만 안타깝게도 주고받는 사이에서는 원망이 생기기 쉽다. 어떤 문제가 발생하게 되면 주는 쪽에서는 '이렇게까지 했었는데'라며 서운함이 생기고 받는 쪽에서도 '지금 줬다고 생색내는 거야', '돈이면 다냐'라는 마음이 생기게 된다. 그 원망이 심해지면 돈 때문에 생색낸다고 생각하고 돈밖에 모르는 사람으로 도움을 준 사람에게 낙인을 찍으며 분노하기도 한다.

결과는 주는 쪽이 욕은 욕대로 먹고, 주고 또 줘도 채워지지 않는 상대방의 삶과 마음 때문에 깊은 좌절감과 심적 고통을 느끼기 쉽다. 사람인지라 별다른 목적이나 이유 없이 주는 행위였다고 해도 그 고마움을 조금 알아줬으면 하는 것이 인지상정이라 도와주고 그것을 잊기가 어렵다.

누군가에게 무언가를 준다는 것이 주는 것의 올바른 가치를 발휘하기 위해서는 주고 잊어야 한다. 물론 힘든 일이라는 것은 안다. 또 줬다는 것을 상대에게 말하며 생색을 내는 일로 불편하게 만들지 말아야 한다. '내가 이만큼이나 해줬잖아'라는 오만함이 말투나 태도에서 묻어나지 않게 조심해야 한다. 어떤 것을 준다는 것은 그 행위 자체로 끝난 것이다.

줬으니 어떤 것을 받아야겠다는 생각에서 벗어날 수 있어야 진정한 '줌(주는 것)'이 된다. 흔히 '기브 앤 테이크(Give and Take)'라는 사회적 통념에 익숙해져 있지만, 이제 '기브 앤 포겟(Give and Forget)', 즉 '주고 잊는 것'으로 마인드를 바꿔야 한다. 누군가에게 무엇인가를 줄 수 있다는 것은 고단하긴 하지만 자신이 그만큼 능력이 있다는 것이라고 편하게 생각하면 된다. 받는 것을 전제로 하는 '줌'이라는 것은 주는 것이 아니다. 특히 사랑할 때 어떤 이유에서건 주었던 돈을 그 사랑이 끝났다고 해서 다시 받으려고 하는 것만큼 치졸하고 졸렬한 짓은 없다.

오후에 비치는 따사로운 햇살을 받으며 황사나 미세먼지도 없는 공기를 들이마시며 산책을 할 때 자연스럽게 콧노래가 나왔다고 해서 태양과 공기가 생색을 내거나 비용을 청구하지는 않는다. 마음이 기쁘고 유쾌해졌으니 '당신은 1만원', 걸음걸이가 상쾌하고 콧노래까지 불렀으니 '당신은 10만원'이라고 하지 않는다. '자연스럽게 주고 줬으면 됐다'고 생각하면 그뿐이다. 태양이나 공기처럼 생각해보면 세상이 보다 자연스럽게 느껴질 수 있다.

조급해하는 것도 운이 나쁜 상태를 보여주는 것뿐이다. 무엇인가를 줬을 때 바로 즉각적인 대가나 보상을 바라며 이렇게나 줬는데도 아직 이렇다 하게 받은 것이 없다고 상대를 원망하거나 조급해하지 말 일이다. 본전을 찾는다는 마음으로 서둘면 안 된다.

세상은 돈을 넣으면 바로 음료수가 나오는 자판기가 아니다. 돈을 주면 바로 음료수가 나오는 것은 기계의 이치이지 세상과 인간의 이치가 아니다.

개인의 삶도 그 이치를 기계의 이치에 대입하여 생각하면 인생이 고단해지고 발전도 없다. 오늘 일한 만큼의 일당을 받는 노동의 가치는 정직하고 숭고하다. 하지만 매번 자신이 일한 만큼의 돈을 받는다는 단편적인 생각은 매순간과 일을 돈으로 계산하게 되어 자신의 발전을 돈의 무게로 매몰시키고 만다. 하루 일한 만큼 받는 일당 또는 일한 건수로 받는 수수료 개념의 돈은 개인의 삶을 크게 성장시키지 못한다.

창업가가 기업의 수익모델에만 연연하면 단기간 성장은 할 수 있지만 지속적인 성장은 할 수가 없다. 기업은 세상을 바꾸고 타인의 삶을 이롭게 하고자 하는 가치가 없어서는 안 된다. 개인이건 기업이건 그 기계의 이치를 넘어서는 명분과 가치를 갖는 꿈이 있을 때 비로소 큰 성취와 만족을 얻을 수 있는 것이다.

세상과 인간의 이치는 천천히 오랜 시간을 두고 커다란 에너지의 결과를 가져온다. 즉각적으로 반응하는 에너지는 강하지 않다. 주고 또 주고 나누고 함께 하면 그 에너지는 느리지만 서서히, 하지만 큰 파도처럼 엄청난 에너지를 만들어내며 결국 당신의 인생과 가족들의 삶을 변화시킨다.

그 에너지에 몸을 맡기면 된다. 굳이 애를 써서 살려고 움직이는 것이 아니라 물에 자연스럽게 뜰 수 있는 몸처럼 자연스레 세상에 몸과 마음을 맡기고 흘러가면 된다. 아무것도 하지 않고 열심히 살지도 말고 수동적으로 살라는 말이 아니다. 무심하게 몸에 힘을 빼야 인생이 인생답게 변할 수 있다. 작은 힘으로 오히려 많은 것을 얻을 수도 있다. 물에 빠졌을 때 발버둥을 치면 몸이 더 깊이 가라앉는 속도만을 키울 뿐이다. 죽음의 속도를 가속화한다. 하지만 자연스럽게 물에 몸을 맡기면 둥둥 뜰 수 있다. 그리고 난 후 조금만 힘을 주어 움직이면 자신이 원하는 방향과 삶에 근접한 인생의 길로 들어설 수 있다.

덕분에 살고 있다

누군가에게 신세를 지면 감사하는 마음이 생기게 되고 갚으려고 한다. 식사를 함께 하며 감사하는 마음을 전하고 선물을 주기도 하며 기회가 될 때 어떻게든 꼭 갚아야겠다는 마음을 다지기도 한다. 하지만 매일의 일상에서 나는 누군가의 '덕분에' 이렇게 살고 있다는 인식을 갖기는 쉽지 않다. 빡빡하게 하루의 계획을 정해놓고 살다 보니 누군가에 의해 계획이 틀어지거나 방해받기라도 하면 피해를 당했다고 생각하고 화가 나기도 한다. 심지어 다툼이 일어날 수도 있다.

우리는 건강하게 살아 있다는 사실만으로 이미 무수히 많은 은혜를 입고 있다. 조금만 달리 생각하면 이렇게 살아 있는 것만으로도 이미 갚아야 할 은혜는 차고도 넘친다. 누군가에게 신세를 지지 않고서는 여기까지 무사히 살아올 수 없었을 것이다. 매일의 일상도 마찬가지이다. 아침식사의 고기반찬은 소의 생명을 빼앗아 먹고 있는 것이고, 태양은 아무 대가를 바라지 않고 따사로운 햇살로 찌뿌둥한 아침에 활력을 주었으며, 출근길 도로는 누군가에 의해 만들어진 것이다. 또 출근길 앞차의 양보로 회사에 지각하지 않을 수 있었고 운전자들이 교통질서를 잘 지켜준 덕분에 사고 없이 무사히 회사에 출근할 수 있었던 것이다. 이런 은혜에 감사하는 마음을 가져야 한다.

일상의 모든 순간이 사실은 당연한 일이 아니다. 아침에 눈을 뜨고 햇살을 맞이하고 출근하고 일을 하며 식사를 하고 이야기를 나누고 퇴근 후 가족들과 보내는 시간들 모두 당연하지 않다. 누군가에게 신세를 지고 있거나 폐를 끼치고 있다는 것을 깨닫게 되면 매사에 감사하게 된다. 감사하는 마음은 마음의 여유를 갖게 만든다. 이미 많은 은혜를 입고 살아가고 있기 때문에 내가 피해를 봤다는 의식에서 벗어날 수 있도록 도와준다. 누군가에 의해 손해를 보는 일이 생겨도 너그럽게 넘어가고 용서할 수 있게 되는 것이다. 인생이라는 큰 관점에서 보면 이런 손해나 피해라는 것도 그렇게 신경을 써도 되지 않을 만큼 모두 사소한 일이기도 하다.

지금 누리고 있는 일상이 당연한 것이 아니라는 생각은 마음을 행복하게 만든다. 행복은 어떤 것을 갖거나 어떤 것을 성취해야 얻

시간의 운을 모은다 - TIME

을 수 있는 미래에 있는 대상이 아니다.

현재 누리고 있는 것들에 대해 조금만 시선을 달리하면 얼마든지 행복감에 젖을 수 있다. 자신이 살아왔던 과거나 현재도 생각하기에 따라 얼마든지 행복한 시기일 수 있다. 익숙해져서 당연하게 여기던 것들에 대해 고마움을 가져야 한다. 도서관에서 수많은 책을 읽을 수 있고, 강과 바다, 산이 있어서 언제든지 산책과 여행을 할 수 있다. 우리 삶과 인생은 조금 덜 소유하더라도 사물의 가치를 즐길 수 있다면 존재하고 있는 것만으로도 이미 풍요롭다.

자신도 살아오면서 이미 알게 모르게 타인에게 폐를 끼치고 피해를 줬을 수 있다는 사실을 깨닫고, 지금처럼 건강하게 살아 있는 은혜로움에 감사하며, 당연하다고 느끼는 일상에 고마운 마음을 갖는 것은 불운은 피하고 운은 끌어올릴 수 있는 마음가짐이다.

시간의 운을 높이는 천天(TIME)의 비법

머리가 아닌 가슴으로 움직인다

- 출문여견대빈(出門如見大賓), 밖에 나서는 순간 모든 사람을 큰 손님을 섬기듯 하라는 뜻이다.

- 세련된 배려는 평소 사람에 대한 애정과 매일 같은 일상의 상황에 대한 세밀한 통찰에서 만들어질 수 있다.

- 자신의 이익만을 생각하지 말고 전체의 이익의 합을 생각한다면 결국 그 좋은 운은 자신에게로 돌아오게 된다.

- 물건처럼 쓸데없는 말이 쌓이는 것을 경계해야 한다. 사람들이 만나서 소통한다는 것은 오해가 없도록 서로 뜻을 잘 전달하여 막히지 않고 잘 통한다는 뜻이다.

3
Day

- 소통은 작은 약속을 지키면서 시작된다. 약속은 자신이 입 밖으로 낸 말을 마무리 짓는 것이다.

- 누군가에게 무언가를 준다는 것이 올바른 가치를 발휘하기 위해서는 주고 잊어야 한다. Give and Take가 아니라 Give and Forget!

- 나는 누군가의 '덕분에' 이렇게 살고 있다는 인식을 가져야 한다. 행복은 어떤 것을 갖거나 어떤 것을 성취해야 얻을 수 있는 미래에 있는 대상이 아니다.

Chapter 2

the power of fortune

9 days

SPACE

나의
공간을 찾고
머물며 바꾼다

공간의 운을 쌓다 -지地

TIME

SPACE

PEOPLE

Fortune before Money,
Fortune secrets of the top 1%

4
Day

공간은
인생을 바꾸는
운명이다

SPACE

똑같아지는 공간에서
나를 잃어간다

주로 우리가 사는 아파트의 모습은 비슷하다. 이제는 묏자리를 산소가 아닌 화장을 하여 추모관에 모시게 되니 차곡차곡 쌓여 있는 고인의 유골함의 모습도 흡사 아파트와 비슷하다. 안치단은 보통 1단에서 10단까지로 되어 있는데 1단이나 9단, 10단과 같이 너무 낮거나 높은 단은 불편하여 아파트의 로열층처럼 4단, 5단, 6단을 선호하니 아파트와 다를 바가 없다. 태어날 때도 병원 건물의 어느 층에서 태어나니 이것도 어찌 보면 아파트, 줄곧 살아가는 곳도 아파트, 심지어 죽어서도 추모관의 안치단을 층으로 삼아 아파트에서 살아가고 있다.

집으로 살아가는 아파트는 단지 옷의 유행처럼 주기적으로 평면이 진화하는 정도의 변화만 있을 뿐이다. 거의 똑같은 아파트는 도

시의 모습을 비슷하게 만들고 개성 없는 삶을 양산해낸다.

아파트 단지가 생기면 상가와 부동산, 학원들이 부차적으로 생겨 주변 풍경이 어느 단지나 비슷하게 닮아간다. 분당 어느 지역을 지나갈 때 일산의 어떤 신도시가 오버랩 되어 보이는 것은 이젠 그리 특별한 일도 아니다. 빈틈없이 속을 꽉 채운 오피스텔과 상가의 뚱뚱한 덩어리, 그 둘레를 감싸는 도로의 모습은 어느 지역을 가나 쉽게 볼 수 있다.

이미 대중이 쫓는 유행을 따라 안심하며 닮아간 삶은 이러한 비슷한 공간에 의해 그 어떤 작은 차이조차 용납하지 않는 똑같은 삶을 만들어냈다. 그러한 집, 단지와 동네에 내 삶이 매몰되어가고 있는 것이다.

같은 생각, 비슷한 사고는 보통의 사람이 되는 방법일 수는 있지만, 그것을 넘어설 수 있는 가능성을 가져다주지 못한다. 그것은 곧 다른 미래, 달라진 미래라는 희망을 줄 수 없다. 그러니 아집에 빠지지 않도록 하면서 자신만의 개성에 맞는 인생을 찾아야 한다.

자신의 개성을 이해하려면 외부의 자극이 필요하다. 사람을 만나거나 사회생활을 하다 보면 내가 좋아하는 것과 싫어하는 것들을 서서히 그리고 명확하게 알게 된다.

어릴 때 모르고 있던 자신의 성격을 커서 알게 되기도 하는데,

이는 어릴 때는 보통 자기 마음대로 할 수 있어 받을 수 있는 외부의 자극에 한계가 있기 때문이다. '조직생활을 하면서 내가 이렇게 강한 사람이구나 하고 느꼈어요', '어릴 때는 순하고 말 잘 듣는 아들인 줄 알았는데 좀 커보니 아니더라고요' 등 상담을 하다 보면 이런 예는 무수히 많이 찾아볼 수 있다.

나를 알기 위해서는 친구가 아닌 직급이나 나이로의 윗사람, 아랫사람 같은 사람들의 자극에 노출되어야 한다. 그러면 내가 무엇을 좋아하고 싫어하는지를 알 수 있게 된다.

자극은 공간을 통해서도 받을 수 있다. 공간과 주고받는 관계를 통해 자신을 더 잘 알고 자신만의 개성을 찾고 이해할 수 있다.

자신의 개성으로 만든 공간은 다시 자신에게 영향을 주면서 자신이 좋아하는 것과 싫어하는 것을 알고 이해할 수 있게 된다.

운이 좋아지는 집
Now, Here, Happiness

공간을 자신의 기준으로 만들며 꾸민다는 것은 자신에게 맞는 행복을 찾아 키워간다는 것과 유사하다. 물론 행복이라는 것은 어떤 것을 소유한다거나 미래에 어떤 상태가 되어야만 도달하는 것이 아니다. 그런 생각으로는 결코 행복해질 수 없다. 행복을 미래의 일로 간주하기 시작하면 미래도 이내 곧 현재가 되기 때문에 현재는 늘 행복할 수가 없다.

현재(Now), 있는 곳(Here)에서 당장 행복(Happiness)해야 한다.

'Now, Here, Happiness'가 되어야 한다. 당연하게 생각되던 일상에 감사하는 마음을 가지며 지금 당장 '행복모드'로 변경해야 한다. 아침에 건강하게 눈을 뜨고 차 한 잔을 마시고 활기차게 걸어 나가 출근을 한다. 따뜻한 햇살이 비추면 포근해서 좋고 비가 오면 비 내리는 운치를 느끼며 얼큰한 국물이 있는 점심을 먹는다. 미팅에 일찍 나갔지만 상대가 늦게 오는 바람에 책을 읽을 수 있는 여유시간을 갖게 되었고 저녁 퇴근길에는 차가 막혀 집에는 늦게 왔지만 오는 동안 때마침 눈부시게 아름다운 일몰을 볼 수 있었다. 행복모드로 마음을 바꾸면 세상은 얼마든지 달라 보일 수 있다. 그리고 진정으로 감사하는 마음이 일어난다.

이미 살고 있는 집이나 새롭게 이사한 집을 꾸밀 때 비록 실용성과 편리함, 또는 예산의 범위와 투자의 목적으로 선택했다는 주거 껍데기의 한계는 있겠지만, 사는 동네를 선택하고 그 안을 풍요롭게 바꾸는 것에 꾸준히 관심을 가지다 보면 인생 최고의 집이 될 수 있다. 그런 집으로 만들어지는 것이다. 운이 좋아지는 최고의 집과의 인연은 이렇게 맺어진다.

인생 최고의 집은 오직 선택의 문제로만 볼 수 없다. 선택한 이후에 어떻게 가꾸어 나가느냐에 따라 달라져 얼마든지 행복을 느낄 수 있는 공간, 생기와 운으로 충만한 공간으로 만들 수 있다.

일상에 도움을 주는
공간이 아름답다

공간을 꾸민다는 것은 단지 표면적으로 예쁘게만 보이게 만드는 것을 말하지 않는다. 잡지에 나올 법한 화려하고 강렬한 공간을 만들려고 하기보다는 공간이 일상의 일부가 되어 더 건강하고 행복하고 나은 삶을 살도록 역할을 하게 해야 한다. 그래야 공간을 꾸미고 바꾸는 의미가 생긴다.

공간을 가꾸고 아름답게 만드는 일은 결국 공간에 사는 사람들의 인생과 운을 근본적으로 바꾸는 작업이다.

공간에 정성을 기울이는 것은 곧 내 일상과 삶에 진지해지며 자신의 인생에 정성을 들이려고 하는 마음과도 통한다.

그러니 깨끗하게 청소를 하고 불필요한 물건을 버리며 매일 정성을 다해야 한다. 사람과 공간과의 관계에서 오랜 시간을 두고 쏟은 정성은 비록 물리적인 공간이라고 할지라도 통하기 마련이다. 그 정성과 노력은 공간에 묻어나며 켜켜이 쌓이기 때문이다.

별다른 이유가 없이 꾸미기 위해 만든 화려한 패턴이나 문양은 도리어 눈에 띄는 불규칙한 시각적 공해가 되어 일상이 묻어 있는 공간에 별다른 도움이 되지 않는다. 눈의 피로감도 늘게 되고 업무나 공부를 해야 하는 공간에 그런 시각적인 자극이 있다면 집중하기 어렵게 된다. 원색이나 자극이 강한 컬러는 의식하지 않더라도 알게 모르게 의식이 되고 시선이 끌리게 되어 안정감을 떨어뜨리게 된다.

그러니 제발 카페나 레스토랑에서 봤던 인테리어를 모두 자신의 집에 채우려고 하지 말기 바란다. 자신이 아는 모든 인테리어를 내 집에 다 때려 넣으려는 시도 말이다. 자재도 목재와 벽돌, 심지어 집안에 철재까지 뒤섞어 놓고 디자인도 인더스트리얼 디자인에 일부 미니멀한 디자인까지 뒤섞여 있는 맥락이 없고 중심이 안 선 인테리어는 얼마 가지 않아 이내 곧 싫증이 날 것이다. 그런 자극적이고 유행을 타는 인테리어는 가끔 카페에서 즐기고 인테리어 잡지에서 보면 될 뿐이다.

다양성이라는 것도 중심을 잡고 맥락이 있게 조화를 이루어야 한다. 무엇보다 본질에 가장 가까이 다가갈 수 있는 힘은 단순함과 간결함이다. 공간에도 예외가 될 수는 없다.

공간이라는 환경은 미적으로 보기 좋고 아름다운 것뿐만 아니라 우리가 사는 일상의 삶에 도움을 줄 수 있을 때 내적으로도 충민한 공간이 되는 것이다.

공간에 대한
오감, 직감, 직관

우리는 단지 시각적으로 공간을 느끼는 것만이 아니다. 우리의 삶은 발달된 문명 덕에 발전되고 세련되어지긴 했지만 그 때문에 우리의 감각은 오히려 무뎌졌다. 사람의 본래 감각을 회복해야 한다. 하지만 다행스럽게도 비록 무뎌지긴 했지만 여전히 예민하고 섬세하다.

우리는 직감과 이제껏 살아오면서 경험했던 지혜와 경험치가 한순간에 발휘되어 나타나는 직관으로 우리가 있는 공간을 예민하게 받아들인다.

공간에 들어서고 머물면서 눈앞에 펼쳐지는 모든 것을 눈으로

훑고 냄새를 맡고 들리는 소리에 반응하며 때로는 만지고 기대어 온몸으로 공간을 느끼고 반응하게 된다. 이렇게 공간의 힘은 강력하고 압도적이다.

비슷한 공간에서도 남들과 다른 시선으로 남들이 보지 못하는 것을 볼 수 있어야 한다. 그러려면 촉을 예민하게 세워야 한다. 의식적으로 노력을 하거나 깊은 생각에 빠져서 결론을 내린 것은 아니지만 이제까지의 지식과 지혜가 한순간에 발휘되어 바로 급속히 진실에 다가가는 본능적인 느낌의 힘은 설명하기는 어렵지만 강력하기 때문이다.

직관은 보통의 사람들이 무심코 지나치는 미세한 징조를 주목하고 앞으로 어떤 일이 일어날지를 판단할 수 있는 단서로 삼게도 해준다. 조짐이나 징조를 파악해서 일어날 결과에 대한 예측이 가능하게 되는 것이다. 미래를 예측하는 것은 앞을 내다볼 수 있는 힘이다. 이 힘이 있어야 일의 진행이 잘 될지 안 될지 또는 사람과의 관계에서도 소통이 될지 오해만 생겨 문제가 생길지를 알 수 있게 된다.

이런 직관력은 머릿속에 해결해야만 하는 목표나 고민에 대해 늘 생각하고 있을 때 발휘된다.

매사 신중함이 쌓여 준비된 직관력은 순식간에 빠른 결정을 요하는 중요한 순간에 큰 결단을 성공적으로 내릴 수 있게 만든다. 어떤 문제에 맞닥뜨려 해결이 되지 않을 때 그 고민에 휩싸여 있는 나머지 꿈에서 그 문제 해결의 실마리를 보게 되는 경험은 종종 하게 된다.

이처럼 자신의 집이나 사무실이라는 공간을 어떻게 만들고 꾸미고 가구나 소품을 배치할지에 대한 고민을 하다 보면 그동안 쌓인 지식과 경험이 만나 갑자기 순간적으로 답을 보여주게 된다. 그동안 고민했던 문제에 대해 진실에 근접한 답을 주는 것이다.

문제는 살고 있는 공간에 대한 문제의식을 갖고 있지 않다는 데 있다. 그러니 이미 문제가 없는 공간이라고 생각하고 그 결과 그 해결을 위한 마음이 절실하지 않게 되는 것이다. 하지만 나와 가족의 행복과 바뀐 인생의 모습을 상상한다면 달라질 수 있다. 오랫동안 관심을 갖고 노력을 해야 한다. 그래야 주변을 세심하게 관찰하면서 문제점이 보이기 시작하고 그 해결점도 찾으려는 노력을 하게 된다. 이런 아주 작은 일들의 변화에서부터 인생이 달라질 수 있다.

삶에 적극적으로
관여하는 공간의 힘

백화점이나 극장, 주차장의 계단실을 이용해보면 밝은 컬러로 된 알록달록하고 아기자기한 디자인이 유독 많다. 가끔은 아이들을 위한 공간이라는 느낌이 들 정도인 곳도 볼 수 있다. 시선이 가기도 하고 어릴 때 다니던 유치원 같다고 느껴지기도 한다.

계단실은 엘리베이터나 에스컬레이터에 비해서 이용률이 적고 한쪽 모퉁이에 자리잡고 있는 경우가 많다. 이럴 때는 사람의 에너지가 잘 미치지 않으므로 강력한 생기를 부여하기 위해서 밝은 컬러의 디자인을 하거나 조명도 가급적 밝게 하는 것이 좋다.

계단실이 너무 지저분하고 어둡고 청소와 같은 관리가 잘 안 되어 있다면 손에 쥔 쓰레기를 무심코 버리게 될 것이고 한 번 버려진 쓰레기는 또 다른 방대한 양의 쓰레기를 부른다. 선은 선을 부르고 악은 악을 부르면서 순환하는 것이다. 심지어 화장실을 찾지 못하면 볼 일을 보게 될 수도 있다. 어둡고 탁한 에너지는 더 어둡고 탁한 에너지를 계속 불러들인다. 심지어 범죄가 일어날 수도 있다.

집이나 사무실에서도 어둡고 소외된 공간의 탁하고 무거운 에너지는 깨끗한 에너지를 불러올 수 있게 밝고 생동감이 있는 소품을 활용하는 것이 좋다. 액자의 그림도 좋고 오르골 같은 소리가 나는 소품이나 움직임이 있는 모빌도 좋다.

익숙하면 보이지 않는다. 조금씩 천천히 공간이 자신에게 스며들어 적응되었기 때문이다. 물방울이 단단한 돌에 구멍을 뚫는 것처럼 보이지는 않지만 매일같이 상호작용을 하는 공간의 힘은 자신의 인생에 긍정적이건 부정적이건 강력한 힘을 발휘한다. 의외로 눈에 보이는 것보다는 눈에 보이지 않는 것이 본질에 가까울 때가 많다. 그리고 그 본질이 진실이다. 공간을 보는 데 있어서도 그 보이지 않는 본질에 가깝게 다가갈 수 있어야 한다.

공간은 인생을 바꾸는 운명이다

- 같은 생각, 비슷한 사고는 보통의 사람이 되는 방법일 수는 있지 만, 그것을 넘어설 수 있는 가능성을 가져다주지 못한다. 자신의 개성을 이해하려면 외부의 자극이 필요하다. 자극은 공간을 통해 서도 받을 수 있다.

- 집을 선택한 이후에 어떻게 가꾸어 나가느냐에 따라 얼마든지 행 복을 느낄 수 있는 공간, 생기와 운으로 충만한 공간으로 만들 수 있다.

- 공간이라는 환경은 우리가 사는 일상의 삶에 도움을 줄 수 있을 때 시각적으로나 내적으로나 충만감을 느낄 수 있다.

4
Day

- 직관력은 머릿속에서 해결해야만 하는 목표나 고민에 대해 늘 생각하고 있을 때 발휘된다. 이처럼 공간에 대한 고민을 하다 보면 그동안 쌓인 지식과 경험이 만나 갑자기 순간적으로 답을 보여주게 된다.

- 선은 선을 부르고 악은 악을 부르면서 순환하듯 공간도 우리의 삶에 적극적으로 관여하는 힘을 가지고 있다.

TIME

SPACE

PEOPLE

5
Day

공간에 예의를 다하고
행복을 찾는다

SPACE

현재, 이 순간에 몰입한다

지금 행복한가? 지금 행복하건 과거 행복했던 시절을 회상해보건 간에 행복할 때는 몇 가지 공통점이 있는데, 그 중에서 가장 필수적인 전제가 되는 것은 몰입(沒入)이다. 지금 이 순간, 여기라는 공간에 완전히 빠져서 나라는 자신을 의식하지 않을 정도로 잊은 상태가 되는 몰입 말이다.

현재의 순간에 몰입되지 않았던, 행복했던 시절이라는 것은 없다. 깊이 파고들거나 빠져 있는 상태인 몰입이 되어야만 행복을 느낀다. 압도적으로 몰입이 될 수 있었던 기억이 행복으로 남기 때문이다. 몰입의 순간은 곧 현재를 산다는 것이다. 다시 말하면 현재를 살아야 행복하다.

몰입의 순간에는 과거에 대한 후회나 미래에 대한 불안감도 없이 오직 현재 상태에 빠져 있다. 그러니 행복한 것이다.

누구나 현재를 살고 있는 듯 보이지만 미래의 막연한 행복을 위해 희생당하고 있고, 원하고 하고 싶은 일들을 자꾸 미루고 있다. 진정으로 현재를 누리고 있지 못한 것이다. 예전에 하지 못한 일을 후회하고 다른 사람들과 자신을 비교하며 현재 상태를 불평하고 실제로는 거의 일어나지 않을 일들에 대해 걱정하느라 시간을 허비한다. 이렇게 지나간 현재가 곧 과거이니 과거 또한 별다르지 않았을 것이다. 이런 현재가 쌓여 과거가 되고 미래는 허겁지겁 급박한 일들에 대응만 하며 살아간다면 중요한 삶의 가치를 놓치며 살게 되기 쉽다.

어릴 때는 별것도 아닌 놀이에 빠져 시간 가는 줄도 모르고 지냈던 하루하루가 많았는데 나이가 들면서 어떤 것도 자신을 완전하게 몰입하게 만들지 못하게 되었다. 약속이나 다음 일정이 눈에 들어오고 여간해서는 현재라는 지금 이 순간(Now), 여기(Here)에 완전하게 빠져들지가 않는다. 그러니 행복을 느끼기 어렵고 쓸쓸한 마음도 자주 든다. 이제 어른이 되었나 보다 하고 일부 체념하고 받아들이기에도 뭔가 석연찮다. 어른은 행복할 수도 없다는 말인가. 필름이 끊길 정도로 술에 취해 정신을 잃는 짧은 순간에만 온갖 잡념과 걱정, 고민을 떨쳐내고 잠시나마 행복에 취할 수 있다는 말인가. 이런 종류의 수많은 비슷한 중독에서 벗어날 수는 없을까.

지금 살고 일하는 곳에서
행복한가

누군가를 만나서 몰입하고 행복을 느끼고 고독함을 덜어낼 수도 있지만 다른 사람을 내 마음대로 만들거나 통제하기에는 어려움이 많다. 아니 어쩌면 불가능한 영역이다.

자신을 포함하여 사람은 잘 바뀌지 않기 때문이다. 하지만 공간이라는 것은 얼마든지 자신이 원하는 대로 바꿀 수 있다.

생기가 있고 에너지가 넘치는 공간으로 만드는 방법 중 하나는 자신의 공간을 원하지 않는 물건, 바라보고 있으면 화가 나거나 답답해지는 물건들로부터 벗어나게 만드는 것이다. 일단 어질러진 방을 정리하고 물건이 흩어져 있거나 아무렇게나 쌓여 있는 곳도 정리를 한다. 그 후에 봤을 때 기분이 좋고 마음이 따뜻해질 수 있는 물건들로 공간을 채우는 것이다.

적어도 기분 나쁜 물건, 화가 나는 물건, 우울해지게 하는 물건들을 정리하고 없애다 보면 결국 자신을 기분 좋게 하고 설레게 하는 물건들만 남게 되고 그 물건들로 둘러싸여진 공간이 될 것이다.

옷, 책, 신발, 각종 소지품과 소품에서부터 가구에 이르기까지 나를 설레게 하는 물건들로 채워져 있는 가슴이 두근거리는 공간을 상상해보는 것만으로도 벌써 입가에 웃음이 나지 않는가. 또 그렇게 기쁘고 좋은 마음은 살고 있는 집과 방에 자연스럽게 배어들게 된다. 좋은 에너지가 가득한 공간으로 서서히 변화되는 것이다.
극단적인 예이지만 자살을 한 집이나 강도나 살인사건이 일어났던 집으로 이사를 하는 것은 꺼릴 것이다. 그 사건과 에너지가 공간에 배어 있기 때문이다. 마찬가지로 사람이 어떤 공간에서 느끼는 즐거움, 기쁨, 유쾌함과 밝은 에너지도 오랜 시간을 갖고 자연스럽게 배어들게 된다.

공간에
감사하는 마음을 갖는다

사람들이 느낀 좋은 감정을 고스란히 에너지로 담아낸 공간은 천천히, 하지만 지속적으로 거주자나 일하는 사람들에게 좋은 에너지를 북돋아주며 다시 보답해준다. 그런 공간에 감사하는 마음까지 가질 수 있다면, 그리고 마치 공간을 가족처럼 생각하고 그 감사한 마음을 표현하고 같이 살아가는 동반자로서 아끼면서 받아들일 수 있다면 당신은 그 공간과 함께 분명히 크게 성장해나갈 수 있을 것이다.

운이 참 없기도 없는 사람도 많이 만나봤고 운이 좋은 사람들도 많이 만나봤다. 운이 좋은 사람들은 어떤 상황에서건 감사하는 마음을 스스로 발견할 줄 안다.

우리와 늘 함께하는 공간에 대해서도 예외가 될 수 없다. 정성껏 쓰고 공을 들인다. 집이나 사무실 등 어떤 공간이 좋아지면 애착이 생기고 자연스럽게 고마운 마음이 생긴다.

오늘도 나에게 소중한 가족, 필요한 가구와 물건들과 별 탈 없이 잘 지내줘서 고맙다는 말 한마디와 마음은 중요하다. 처음에는 조금 어색하고 이상할 수 있지만 진정으로 공간을 좋아하게 되면 애착이 생기면서 그런 마음이 자연스럽게 생기게 된다.

차를 운전하며 일을 하고 사람들을 만나면서 어느 날 문득 차에 대한 고마움이 생기게 되었다. 그러면서 자연스럽게 '오늘도 좋은 곳으로 나를 인도해주고 좋은 인연의 사람들을 만나게 해줘서 고맙다'라는 말을 하게 되었고 심지어 승마를 할 때 말 등을 가볍게 두드려주듯이 핸들을 한 손으로 가볍게 치면서 그 고마움을 표현하기도 했다. 기름만 먹고 온종일 달리며 고생만 한 차에 대한 고마움과 위로의 마음을 전한 것이다. 매일같이 먹는 것이라고는 기름뿐이라 물릴 만도 한데 불평 한번 하지 않고 애피타이저에 메인을 먹고 디저트까지 챙겨 먹은 나를 기다려주고 이끌어 달려준 고마움이 새삼 느껴졌기 때문이다.

차를 타고 사무실 주차장으로 들어가면서는 사무실 건물의 이름을 부르며 시간에 따라 '굿모닝' 또는 '굿애프터눈'이라고 소리 내어 인사를 하기도 했다. 누가 시킨 것도 아니고 어느 순간 그저 새

공간의 운을 쌓다 – SPACE

삼 고마움이 느껴졌던 것이다. 주차를 할 때도 이왕이면 차가 안전하고 상처가 나지 않게 있을 수 있는 편안한 위치에 주차하려고 한다. 그리고 일을 보고 오는 동안 잘 있으라는 인사도 입 밖으로 내지는 않지만 돌아보며 하곤 한다. 차도 어떻게 보면 정성을 다하고 예의를 갖춰야 하는 사람과도 같은 것이다.

『명심보감』준례편에 보면 '입실여유인(入室如有人)'이라는 말이 있다. 방으로 들 때는 사람이 있는 것 같이 생각하고 예의를 갖추어 신중하게 살피고 주의해야 한다는 뜻이다. 혼자 있더라도 몸가짐을 사람이 있는 것 같이 하고 나를 품고 있는 공간에 예의를 갖추어야 한다.

마치 사람을 대하듯 집을 대하는 것이다.

집의 위치, 매매가격, 교통, 학군, 편의시설과 같은 객관적인 조건이나 아니면 특별한 이유는 없지만 끌린다거나 조금 마음에 들지 않는다와 같은 주관적인 판단은 있을 것이다. 하지만 어쨌든 현 상황에서 나와 가족을 품어주고 있는 공간이기에 따뜻한 마음과 시선을 가져야 한다. 마치 나라는 사람을 받아주고 함께 고생한 조강지처를 대하는 마음처럼 말이다.

만나게 되는 사람에 대해 예의를 갖추고 좋은 인상을 주는 것도 중요하지만 자신이 있는 공간에 대한 예의를 지키고 아끼는 것도 그 이상으로 중요하다.

이 공간 덕분에 이렇게 일을 할 수 있고 사람을 만나기도 하고 건강한 하루를 무사히 보낼 수 있기 때문이다. 감사의 마음을 갖는 일은 공간에도 게을리해서는 안 된다.

공간의 운을 쌓다 - SPACE

좋아하는 공간을 늘려라

집에서 특히 마음에 들고 좋아하는 공간은 있게 마련이다. 한쪽 모퉁이 구석이 아늑하게 느껴져 등을 기대고 있는 그 벽이 좋을 수도 있고 소파에 편안하게 앉아 맞은편을 바라보면 좋아하는 그림액자가 있어서 좋을 수도 있다.

이렇게 집안에서 좋아하는 공간을 찾고 그 이유를 알아내면 다른 공간도 얼마든지 좋아하는 공간으로 만들어 바꿀 수 있다.

그렇게 바꾸어가면 집 전체가 좋아하는 공간으로 바뀌게 되어 긍정적인 에너지를 만들어내고 자신의 운도 올릴 수 있다.

비단 집뿐만이 아니라 자신이 좋아하는 공간이나 장소를 찾고 자주 방문한다면 좋은 에너지를 올릴 수 있다.

자신을 유쾌하고 기분 좋게 만드는 장소는 많으면 많을수록 좋다. 사람들을 만날 때는 어떤 특정 카페의 안쪽 코너 자리가 좋다거나 KTX를 이용해 출장을 가거나 여행을 갈 때는 앞에서 여덟 번째의 혼자 앉는 좌석이 책을 읽기도 좋다거나 평소 아끼는 사람들과 식사를 함께 할 때는 그때 갔었던 그 식당 정중앙의 테이블이 좋다거나 하는 등이 그것이다. 이렇게 자신이 좋아해서 기분을 설레게 할 수 있는 공간이 많아지면 더 행복해지고 삶도 풍성해진다.

TIME

SPACE

PEOPLE

공간에 예의를 다하고 행복을 찾는다

· 현재의 순간에 몰입되지 않았던, 행복했던 시절이라는 것은 없다.
  깊이 파고들거나 빠져 있는 상태인 몰입이 되어야만 행복을 느낀
  다. 몰입의 순간은 곧 현재를 산다는 것이다. 다시 말하면 현재를
  살아야 행복하다.

· 누군가를 만나서 몰입하고 행복을 느낄 수도 있지만 다른 사람을
  내 마음대로 만들거나 통제하기에는 어려움이 많다. 하지만 공간
  은 얼마든지 자신이 원하는 대로 바꿀 수 있다.

- 사람을 대하듯 집을 대하는 것이다. 나와 가족을 품어주고 있는 공
간이기에 따뜻한 마음과 시선을 가져야 한다. 혼자 있더라도 몸가
짐을 사람이 있는 것 같이 하고 나를 품고 있는 공간에 예의를 갖
추어야 한다.

- 하나씩 좋아하는 공간을 늘려가면 집 전체가 설레는 공간으로 바
뀌게 되어 긍정적인 에너지를 만들어내고 자신의 운도 올릴 수
있다.

TIME

SPACE

PEOPLE

6
Day

공간은 사람이 아닌
한 사람의 인생을 담아낸다

SPACE

물건의 위치를
알 정도만 소유한다

매일같이 물건을 사도 매일같이 뭔가가 부족한 느낌을 갖게 된다. 어느새 새삼 너무 많은 물건을 소유하고 있고 그 물건에 둘러싸여 있다는 것을 깨닫는다. 물건의 적정한 소유와 한동안 쓰지 않은 물건의 정리에 대한 관심이 높아진 요즘이다. 그만큼 많은 물건들에 노출되어 쓸데없는 에너지를 쓰고 있는 현실에 대한 반증이기도 하다.

비로소 잉여와 과잉이 얼마나 피로와 부담을 주고 에너지를 빼앗아 지치게 하는지 알게 된 것이 이유이기도 할 것이다.

이런 잉여와 과잉을 방치하면 그 안에 있는 거주자의 삶에 부정적인 영향을 미치게 된다. 내 가치관의 본질에 가까운 물건이 아니거나 쓸모없다고 생각되는 것들을 모두 비워내면 잉여는 없어지게 되고 자신의 진정한 모습을 찾는 데에 도움을 준다. 치우고 없애면 무질서가 사라지고 홀가분해지며 단순해진다. 단순한 것은 명확하며 강하기 때문에 불안하지 않게 만든다. 본질에 가까워질 수 있기 때문이다. 소유한 물건의 잉여와 과잉의 정리 기준은 다음과 같다.

1단계 : 한동안 쓰지 않거나 입지 않은 소품이나 옷, 또는 다 읽고 의미 없이 몇 년을 책장에 꽂혀 있지만 한 번도 다시 읽지 않은 책들은 일단 버린다. 버리는 것이 아깝다면 중고로 팔 수 있는 것은 팔고 필요한 사람들에게 준다.

2단계 : 물건을 봤을 때 이유를 설명할 수는 없지만 기분이 안 좋아진다거나 찜찜한 마음이 들거나 심지어 화가 나거나 슬픈 감정이 드는 물건을 버린다.

3단계 : 여전히 가슴이 두근거리는 설렘이 있는 물건만을 남기고 모두 버린다.

이렇게 3단계의 버리는 단계 중 자신의 상황에 맞는 단계의 버리기를 한 후에는 마지막으로 남은 물건의 정리정돈을 해야 한다. 이때는 집안에 채광, 환기와 통풍이 잘 되는 환경을 만드는 것을 기본 전제로 하고 나와 가족이 붙박이장이나 서랍장 또는 드레스룸에 어떤 물건이나 옷 등이 있는지 모두 공유해서 그 안에 무엇이 있는지 깊게 고민하지 않고 바로 알 수 있을 정도의 물건만을 수납하여 정리하면 된다.

보이지 않게 장에 모두 넣었다고 마음이 개운해지고 공간에 생기가 만들어지는 것은 아니다. 붙박이장에 처박아 두는 것은 의미가 없는 것이다. 정리와 정돈에 어떤 규칙을 가지고 일목요연하게 물건을 두는 것이 중요하고 혼자 사는 집이 아니라면 가족들과 수납에 대한 정보를 공유하는 것이 필요하다.

그곳에 물건이 있어야 할 이유,
동선과 연계성

언젠가 분명히 사기는 샀는데, 어디 있는지 도통 모르겠다는 물건들이 한두 개쯤은 있을 것이다. 답답하기 그지없다. 아까 분명히 여기 어딘가에 두었는데 난데없이 돌연 없어진 물건 때문에 온통 집구석을 뒤졌던 답답한 경험도 있을 것이다. 지금 주변을 둘러보면 붙박이장이나 수납장이 보일 것이다. 그 안에 무엇이 들어가 있는지 알지 못하는 상태가 답답하게 느껴지지 않는가. 이것은 정리에 대한 강박이 아니다. 무엇이 어디에 있는지 정확하게 알고 있는 것만큼 개운한 것도 없다.

가전제품을 살 때마다 케이블선 등 부가적으로 생기는 물건들은 늘어간다. 한 곳에 모아두면 찾기 쉬울 것 같아 모아둬도 보지만 나중에 찾아보면 이 케이블선이 어디에 맞는 건지 알 수가 없다. 그렇게 몇 년이 지나면 용도를 알 수 없는 케이블선은 쌓여만 가다가 버려지고 만다. 조립가구를 사고 나면 조립을 하고 남은 못이나 나사 등을 모아서 둔다. 가구가 망가지면 그 못을 다시 찾기 위해 뒤져보지만 그 많은 못과 나사를 생각하면 아찔하기만 하다. 이 상황 자체가 답답하다. 이럴 때 연계성을 가지고 물건을 보관하면 도움이 된다.

가전제품 : 그 가전제품에 가까운 수납장이나 아예 가전제품 뒤쪽에 테이프로 붙여서라도 관련된 물건들을 함께 보관하는 것이 좋다. 일단 떨어져서 이별한 관련 용품들은 다시 만나서 제 역할을 하기가 어렵기 때문이다.

조립가구 : 남은 못이나 나사는 차라리 그 가구 안에 테이프를 붙여서 넣어두는 것이 훨씬 다시 찾기에 효율적이다.

동선에 따라서도 물건을 정리할 수 있는데 샤워를 하기 전에 수건을 꺼내는 위치, 샤워 후 속옷을 찾고 기존 속옷을 벗어놓는 자리, 젖은 수건을 두는 위치, 스킨과 로션을 바르는 동선 등 집안에서 어떤 움직임이나 일이 생기면 그 흐름(flow)에 맞게 필요한 물건을 적재적소에 배치하는 것이 좋다.

그러면 그 물건이 있는 자리는 사람의 움직임에 맞게 자주 이용

되어 방치되지 않고 생기가 만들어지게 된다.

그리고 그 물건이 그곳에 있어야 하는 분명한 이유가 생긴 것이기도 하다.

발코니에 신발을 두고 현관으로 나갈 때마다 들고 와 신고 나가는 경우는 거의 없다. 현관 옆 신발장이나 워크인 수납공간인 현관 팬트리 안에서 꺼내어 신고 나가는 게 보통의 일이다. 이렇게 극단적인 경우는 아니라고 하더라도 있어야 할 자리가 아닌 이유가 없는 곳에 정말 난데없이 물건들이 있는 경우가 있는데 이는 공간의 운을 깎아먹는 배치가 된다.

어느 방송에서 출연자의 집에 대한 풍수컨설팅을 한 적이 있다. 그 중 한 집이 유난히 이상하기 짝이 없었다. 현관문이나 처마 끝에 다는 작은 종인 풍경은 현관문에도 있었지만 고장이 났을 때 교체하기 위하여 부엌 벽 어느 중간쯤에 걸어놓는 것으로 수납을 대신하고 있었다. 게다가 부부가 화목하게 소통하고 따뜻한 사랑의 정서가 묻어나야만 하는 침실의 출입문 쪽에 샌드백이 걸려 있는 등 돌발적이고 난데없이 물건들이 배치되어 있었다.

전체적으로 물건들이 너무 많아서 잡동사니처럼 잡다하게 되어 에너지가 분산되어 있는 것도 문제였지만, 각 공간이 제 기능을 할 수 없을 정도로 무분별한 배치가 더 큰 문제였다. 그러니 전체적인 운의 흐름을 막고 끊어내고 흉하게 되었던 것이다.

맥락이 공간과
인생에 생기를 흐르게 한다

맥락과 생기의 흐름이 중요하다. 맥락이란 기능적으로 효율성이 있는 가구나 소품의 배치와 그 이용을 말한다. 디자인이라는 것도 예쁘게만 보이기보다는 그렇게 디자인이 된 명확한 이유가 있어야 하는 것처럼 어떤 가구나 물건이 그곳에 있어야 하는 분명한 이유와 목적이 있어야 하는 것이다.

생기라는 것은 공간에 머물기도 하고 또 흘러가기도 한다. 그렇게 생기가 멈추고 움직이는 중에 물건들에 의해 기운이 흩어지지 않을 때 기운이 응집된다. 비로소 공간과 거주자에게 힘을 줄 수 있는 에너지가 되는 것이다. 그러니 생기의 흐름을 고려한 가구, 소품 배치가 인테리어의 기준이 되어야 한다.

1) 현관에서부터 복도를 지나 각 방이나 거실, 부엌, 욕실로 향해 가는 통로는 가구나 소품, 특히 모가 나거나 철제나 대리석 같은 차가운 소품에 의해 막혀 있으면 안 된다.
2) 자연스럽게 현관으로부터 생기가 흘러들어가되 현관 바로 맞은편에 창이나 방문이 있어 에너지기 급히고 빠르게 움직이면 좋지 않다.
3) 생기가 가구나 소품을 지나가며 이동하고 머물고 이동하고를 천천히 반복하는 것이 좋으므로 에너지가 흘러가면서 막히지 않도록 가구를 배치해야 한다.

맥락이 만들어지면 공간에 자연스럽게 질서가 잡힌다. 집이건 사옥이건 맥락이 있는 공간은 그 안에 안정적인 질서가 만들어지고 사람들이 편안하게 휴식을 취하거나 효율적으로 일을 하고 소통을 할 수 있는 근간과 에너지를 만들어낸다.

그리드(Grid)라는 말이 있다. 그리드란 기준, 격자무늬 또는 출발점의 의미로 시각적 디자인의 질서와 일관성을 유지하는 툴이다. 디자인과 질서를 만들어내는 근간이라고 볼 수 있다.

그리드란 디자인에서뿐 아니라 어떤 근간이 유지되면서 만들어진 질서는 맥락 있게 지속적인 일관성을 만들어낼 수 있다.

질서가 있다는 것은 군더더기를 없애고 본질에 가장 가까이 다가가는 심플함을 만든다는 의미가 있기도 하다.

강연차 모 회사 사옥에 갔을 때의 일이다. 사옥의 입지 자체는 그렇게 인상적이지 않았다. 오히려 난데없는 위치에 있다고 느껴질 만큼 매력적이지 않았다. 하지만 별다른 기대를 하지 않고 입구로 들어가서 안내를 받으며 각층을 둘러본 후 비로소 '왜 이 회사는 잘 되는가'라는 질문에 답을 찾을 수 있었다. 내부 공간에서 굉장한 짜임새가 보였던 것이다. 회사 건물 내부를 단단하게 잡고 있는 강력한 질서를 발견할 수 있었다. 그리고 자연스럽게 공간마다 묻어 있는 큰 힘도 느낄 수 있었다. 위계와 질서가 분명하게 잡혀 있었으며 그 질서 속에서 극도의 평화와 안정이 느껴질 정도였다. 공간의 질서를 이 정도로 만들었다면 그 내부 체계는 굳이 뜯어보지 않아도 단단하지 않을 수 없을 것이다. 물론 그 회사는 이미 업계에서 예약판매 신기록 달성, 초도물량 완판 등 기록을 갱신하며 역대 최고매출을 올리며 남다른 실적을 내고 있었다.

공간뿐만 아니라 사람의 인생에서도 생기와 맥락을 찾아볼 수 있다. 사람은 누구나 욕심과 욕망을 가지고 산다. 이런 욕심과 욕망이 살아가는 힘이 되는 것을 부정할 수 없다. 하지만 지극히 자신만을 위한 욕심으로만 가득 차게 될 때 추하게 된다. 어려운 역경 속에서도 이를 극복하고 열심히 일을 하고 공부를 하여 어떤 높은 자리에까지 올라간 사람의 이야기는 종종 좋지 않은 환경에 있는 이들에게 힘과 용기를 주는 것은 분명하다. 그렇게 높아진 명예와 늘어난 재산을 딛고 더 높은 곳을 향하여 올라가려는 근성도 박수를 쳐줄 만하다.

하지만 내 삶만 악착같이 지키려는 삶은 아름다울 수 없다. 자신이 꿈을 이뤄가는 과정에서 모르는 사이 짓밟히고 희생당한 사람들이 있다는 것을 잊어서는 안 된다. 자신이 꿈을 이룬 후에 타인에게 도움을 줄 수 있는 다양한 방법을 찾고 실행해야 하는 이유는 여기에 있다. '저는 어려운 환경 속에서도 이렇게 열심히 살아서 여기까지 왔습니다. 그리고 앞으로도 전진하여 더 큰 꿈을 이룰 수 있도록 할 것입니다.' 이렇게만 끝나서는 더 이상 아름답지 않다.

자신만의 이익을 생각하지 말고 타인과 함께 하며 생긴 이익의 합의 크기를 생각하는 것도 맥락적인 사고이다.

자신만 약속장소에 빨리 도착하기 위해 타인의 진로를 방해하며 마구 차를 모는 것은 오직 자신만을 위한 행동이기에 추하다. 다른 차량과의 관계를 잘 생각해야 한다. 인생의 길에서도 나와 타인을 같이 생각할 수 있는 마음이 필요하다. 살아오면서 자신이 받은 도움을 이제는 누군가를 도움으로써 갚아가려는 마음도 포함된다. 이것이 맥락이고 운을 좋게 할 수 있는 마음이기도 하다. 맥락은 공간뿐 아니라 한 사람의 인생에서도 좋은 기운, 생기를 만들어낸다.

운명의 공간을
찾지 않고 만든다

소위 명당이라고 하는 풍수적으로 길한 터나 집에 거주한다고 해서 모든 문제들이 해결되고 발복할 수 있는 것은 아니다. 거주자가 책임져야 할 기본적인 문제나 잘못을 풍수에 전가하는 것은 옳지 않다. 그렇게 하면 자신이 아닌 다른 탓, 남 탓과 핑계를 댈 수 있으니 잠시 마음이 편할 수는 있겠지만 그것뿐이다. 핑계를 댄다는 것은 책임을 회피하고 실패한 자신으로부터 도망가려고만 하는 비겁함일 뿐이다.

풍수가 중요하지 않다는 말이 아니라 그보다 근본적으로는 사람이 중심이 되어서 문제해결이나 결실을 맺으려는 노력을 해야 한다는 것이다.

'돈만 많다면야'라면서 어떤 문제나 고민이 생겼을 때 오로지 돈의 문제로만 탓하며 현재 돈을 펑펑 쓸 정도로 많지 않으니 어쩔수 없다고 결론을 짓고 의기소침해하는 사람들이 있다. 돈만 많으면 삶이 온전히 행복해질 것이라는 믿음도 거대한 망상일 뿐이지만, 어느 누가 펑펑 쓸 정도의 돈을 가지고 있겠는가. 없으면 없는대로 또 있으면 있는 대로 여전히 없다고 느껴지는 것이 돈이다. 현재 상황에서 할 수 있는 범위 내에서 하면 될 일이다. 살다 보면 살아지는 것이고 그렇게 살고 살아가는 것이 인생이다.

돈이 있다면 남산을 뒤로 하고 한강이 앞에 펼쳐진 근사한 집에살면서 좋은 기운도 받을 수 있을 텐데, 역시 부자만 복도 받는 세상이라고 원망한다거나 돈이 조금만 더 있다면 강남에서 떵떵거리고 살면서 행복할 수 있을 거라는 생각도 역시 위험하다. 배산임수, 배'남산'임'한강'을 한 집이라고 해서 모두 풍수가 좋다고 할 수 없고 강남에 산다고 모두 행복한 것도 아니다. 각자 자신 또는 가족마다 주어진 상황과 사연이 있는 것이고 그 상황에 맞게 살아가면 된다. 주어진 상황에서 하나씩 바꾸어나갈 때 결국 큰 변화도 생기게된다.

받아들여야 할 부분은 받아들이고 그 중에서 변화가 가능한 부분은 바꿔가다 보면 단칸방 월세 집도 마음이 평안하고 안정을 누릴 수 있는 나만의 풍수명당으로 만들 수 있다. 돈이 없음을 탓하지말라. 어떤 일을 할 때 돈이 없다고 말하는 것은 그저 핑계일 뿐이다. 돈의 탓으로 돌리는 것은 노력하지 않은 자신에 대한 보기 좋은 이유를 만드는 것에 불과하다. 풍수도 역시 돈으로 완성되는 것은 아니다.

또 자신의 공간에 좋은 사람을 초대하는 것도 하나의 방법이다. 이는 누군가 자신의 집을 방문했을 때 창피한 마음이 들지 않을 정도의 정리나 청결함은 갖추어져 있다고 볼 수 있다.

아무도 초대하지 않는 집과 가끔 지인이나 친구들을 초대하는 집은 그 정리 상태부터가 다름을 알 수 있다. 원하건 원치 않건 누군가가 올 때는 아무래도 정리를 하게 되기 때문이다.

좋은 사람들과 같은 공간에서 나누는 정서와 이야기의 따뜻함은 공간에 고스란히 배게 되고 담아지게 되어 그 집의 분위기를 만드는 결과를 만들어낸다. 원망이나 한숨, 탄식소리, 또는 행복한 웃음소리는 사방에 울려 퍼져 공간에 배게 되는 것이다. 유명한 사람이나 성공한 지인을 초대할 수 있는 기회가 된다면 기꺼이 기분 좋게 해볼 일이다. 그 사람들로 인해 그 집의 기운을 끌어올리는 데 도움을 줄 수 있기 때문이다. 내가 먹는 것이 곧 내 몸, 나를 만들고, 내가 읽은 책을 닮아가서 그 책이 곧 내가 되며, 내가 만나는 사람이 쌓여서 그것도 곧 내가 된다. 마찬가지로 공간도 공간이 담아내는 사람들에 의해 영향을 받게 된다.

공간은 사람이 아닌
한 사람의 인생을 담아낸다

· 소유한 물건의 잉여와 과잉은 피로와 부담을 주고 에너지를 빼앗
 아 거주자의 삶에 부정적인 영향을 미치게 된다. 그 안에 무엇이
 있는지 깊게 고민하지 않고 바로 알 수 있을 정도의 물건만을 수납
 하여 정리하면 된다.

· 동선에 따라 물건이 배치되면 사람의 움직임에 맞게 자주 이용되
 어 방치되지 않고 생기가 만들어지게 된다. 각 공간이 제 기능을
 할 수 없을 정도로 무분별한 배치는 운의 흐름을 막고 끊어내고 흉
 하게 만든다.

6
Day

- 맥락과 생기의 흐름이 중요하다. 맥락적인 사고는 공간뿐 아니라 한 사람의 인생에서도 좋은 기운, 생기를 만들어낸다.

- 받아들여야 할 부분은 받아들이고 그 중에서 변화가 가능한 부분 은 바꿔가다 보면 나만의 풍수명당을 만들 수 있다. 또 내가 만나 는 사람이 쌓여서 그것도 곧 내가 된다. 마찬가지로 공간도 공간이 담아내는 사람들에 의해 영향을 받게 된다.

3

Chapter

the power of fortune

9 days

PEOPLE

내가 변해야
비로소 운명이 바뀐다

내 운의 앞길이 트이다 -사람人

TIME

SPACE

PEOPLE

7
Day

자연보다 변하지 않는 사람,
그런 나를 바꾸는 지침

PEOPLE

티끌 같은 습관이
태산 같은 운명이 된다

누구나 습관을 가지고 있다. 어릴 적 생긴 오래된 버릇인데 고쳐지지 않는 것에서부터 최근에 생긴 버릇까지 반복해서 몸에 익어버린 행동이다. 이 습관이 쌓여 미래의 자신을 만들어가므로 그 원인이 되는 나쁜 버릇을 고치고 좋은 습관을 몸에 자연스럽게 익게 만들면 그것들이 모여 그 결과인 운명을 바꿀 수 있다.

말을 할 때 한숨을 연거푸 쉬고 혀를 차거나 기가 죽어 땅만 바라보며 걷는 이의 에너지가 좋을 리 없다. 분명 좌절할 만한 일이 있었거나 어떤 일에 부담감이나 괴로움을 겪고 있을 것이다. 현재나 가까운 미래의 운을 볼 수 있는 얼굴의 색깔인 찰색처럼 어떤 사람의 버릇을 보면 지금의 상황을 유추해볼 수 있다. 또 가까운 또는 앞으로 미래의 모습까지도 엿볼 수 있다.

답답하고 부정적이고 좌절하는 에너지는 방안의 작은 먼지가 뭉쳐 점점 커지는 것처럼 더 나쁜 에너지를 만들어낸다. 삐딱한 자세, 잘못된 식습관, 술에 찌들어 있는 일상이 병을 만들 수 있는 것처럼 자신의 습관, 특히 오래되어 바뀔 기미가 보이지 않는 고착화된 안 좋은 버릇을 인지하고 비꾸거나 고치지 않으면 자신을 둘러싼 에너지를 부정적이게 만든다.

연일 상한가를 치며 단기간에 10배가 넘게 올라간 테마주가 빠질 때는 답도 없이 빠진다. 팔 수도 없을 정도로 매도물량이 쌓인 하한가를 연출하기도 한다. 기운도 마찬가지이다. 힘들고 괴로우니 단기간에 생긴 습관으로 인한 것이라고 해도 한 번 만들어진 아래로 향하는 에너지는 더 강해질 뿐이다. 20퍼센트 가까이 줄곧 가격이 내려가는 주식종목이 상승으로 반전하기 위해서는 한순간 거래량이 실리는 매수세가 들어오며 일단 진정모드가 되어야 한다. 기운도 바로 돌리기는 어려워도 그 방향을 틀어줄 수 있도록 기운을 단기간에 올려야 한다. 축 처진 가슴을 펴고 사람을 더 가라앉게 만드는 늘어진 헤어스타일은 짧게 잘라 헤어 젤이라도 발라 세워 단정하게 하고 면도도 하고 스킨이나 로션도 발라야 한다. 옷도 늘어지는 스타일이 아니라 모양이 조금 잡힌 옷을 입으면서 음기로 가득 찬 기운에 양기를 넣어야 한다. 습관이라는 티끌이 누적되어 태산이라는 운명을 만들어낸다.

나쁜 버릇은 나쁜 버릇을 부르며 누적된다. 한번 하기가 어렵지 일단 하면 또 하게 된다. 이렇게 계속 악화되어 몸과 마음이 망가지고 파재(명리학에서 재성이 깨지는 것으로 돈이나 건강이 나빠지는 상황)하여 결국 망하게 된다. 반면에 좋은 습관도 좋은 습관대로 계속 발전해 나간다. 몸에 밴 좋은 습관들은 애써 인지하거나 바꾸려고 하지 않아도 자연스럽게 반복되면서 자신에게 좋은 에너지를 만들어내며 자신을 지켜준다. 규칙적인 반복이라는 것은 자연의 섭리이기도 하다. 봄이 없는 여름은 없고 그 여름을 지나지 않고서야 가을을 맞이할 수 없다. 가을을 지나 매서운 추위의 겨울을 지나면 언제 그랬냐는 듯이 봄은 또 그렇게 기다리고 있다.

복된 습관을 만들며 쌓아가는 작은 실천에서 운명은 변화한다.

'바를 정(正)' 이 한자는 어떤 목표지점을 향해 발을 내딛는 모습을 본 뜬 글자이다. 발을 내딛을 때는 무작정 내딛어서는 안 된다. 성과와 목표를 향해 노력해야 한다. 그리고 그 내딛는 발걸음은 굳이 말하지 않아도 이 '바를 정(正)' 한자의 뜻처럼 바르고 정당하고 바람직해야 한다. 잘못된 것들은 바로 잡으며 올바르고 정직하고 때로는 결단력도 발휘해야 한다. 그런 순수함으로 내딛다 보면 비로소 자리에 오를 수 있게 된다. 자신을 가치 있는 인생의 자리로 안내해줄 것이다.

자신의 근본을 흔든다

사람은 잘 바뀌지 않는다. 변하기가 어렵다. 사고방식이 잘 바뀌지 않기 때문이다. 십년이면 강산도 변한다는데 사람은 늙어가기는 하지만 곱게 늙기도 쉽지 않고 또 그 근본이 바뀐다는 것은 여간해서는 쉽지 않은 일이다. 타고난 성향과 기질로 인생을 살면서 이런저런 상황을 선택하고 사건에 대응하다 보면 자신의 기질이 더 강해지기 마련이다. 열 길 물속은 알아도 한 길 사람 속은 모르고 십년이면 강산이 변해도 사람은 잘 변하기 어려우니 오히려 강산이라는 자연이 사람보다 더 이해하기 쉽고 유연하다.

사람이 변하려면 역동적인 경험이 쌓여야 한다. 밋밋하고 평범한 일상이라면 그것을 수십 년 반복해봐야 잘 바뀌지 않는 사람의 근본을 흔들어놓기 어렵다.

다양하고 역동적인 자극의 경험에 의해서 사람이 변할 수 있는 여지가 생긴다. 스승이나 책을 통한 배움 또는 인생의 경험을 통한 깨달음이 있어야 바뀔 수 있다.

학교를 다닐 때는 자신의 기질을 잘 이해하기 어렵다. 외부 자극이 별로 없기 때문이다. 비슷한 또래의 친구들과 공부를 하면서 기껏해야 1년 정도의 선후배 관계가 형성이 되니 좋으면 친구로 잘 지내고 좋지 않으면 조금 멀리하면서 자신이 하고 싶은 대로 지내는 환경이다.

하지만 사회에 나가게 되면 상황은 달라진다. 나이 차이만 해도 스무 살이 족히 넘는 관계들이 생기기 시작한다. 자기 마음대로 할 수 없는 환경이라는 외부적인 자극이 생기면서 자신이 어떤 것을 싫어하고 좋아하는지에 대해 몸과 마음이 반응하게 된다. '어릴 때는 차분하고 말도 없는 착한 아이였는데 나이가 들면서 변했어요. 이렇게 센 아이인 줄 몰랐어요'라며 자식 걱정을 하는 부모는 아이를 제대로 이해하고 있었던 것이 아니다.

다양한 경험과 더불어 단기간에 자신의 근본과 의식을 변화시킬 수 있는 방법은 좋은 스승을 만나 깨닫는 것이다.

물론 반드시 선생님이라는 스승을 말하는 것은 아니다. 연인이 될 수도 있고 둘도 없는 친구나 선후배, 또는 회장님이나 어르신들이 될 수도 있다. 누군가와 다양한 인연으로 관계를 맺는다는 것은 세상을 바라보는 시선의 관점을 다양하게 가질 수 있다는 것을 의미한다. 같은 시간이라도 보다 더 밀도 있게 세상을 살아갈 수 있는 것이다.

일상이나 세상 사는 이야기를 나누는 중에 우리는 타인의 몸과 마음으로 겪은 경험을 공유하며 발전해나간다. 물론 편협한 시각이나 그릇된 욕망에 의한 관점은 서로 좋지 않은 영향을 끼치므로 그것들을 제대로 받아들일 수 있는 자신만의 기준이 있어야 한다. 그 기준은 시간적인 한계를 가질 수밖에 없는 경험이나 제대로 된 인연과 연이 닿을 수 있는지 확신할 수 없는 스승보다는 책을 통해서 만날 수 있다.

자신의 근본을 충분히 흔들어야 한다. 움직이지 않고 그 자리에 고착화 되면 결국 썩는다. 움직이고 유동적으로 변할 수 있는 유연함을 가지고 다양한 가치로 자신을 흔들다 보면 어떤 가치에도 쏠리지 않는 인생의 깨달음을 얻을 수 있다.

내 마음 스스로
나를 무시하고 있다

오랜만에 친구들과 만나 술자리를 하던 중에 한 친구가 '넌 참 변하지도 않는다'고 말했다면 어떤 기분이 들까. '뭐가 변하지 않았다는 거야?'라고 보통은 물어보겠지만, 단번에 그 속 내용은 들으려고도 하지 않고 말투나 상황에 따라서 괜히 친구들 앞에서 면박을 준다고 생각해 기분이 언짢아질 수도 있다. 아니면 '그래? 안 변했나 보네'라며 별다른 신경을 쓰지 않을 수도 있다.

기분이 언짢아진다거나 화가 나는 것은 나에게 일어나는 외부의 상황 때문만은 아니다. 같은 상황이라고 하더라도 말 한마디에 화가 나거나 기분이 상할 때도 있지만, 별다른 감흥이나 감정도 없이 웃으면서 넘어갈 때도 있다.

이것은 받아들이는 마음, 결국 벌어진 상황 때문이라기보다는 자신의 현재 상황이나 마음 상태에 달렸기 때문이다.

외부의 어떤 상황이 벌어지기 전에 이미 자신의 마음은 자기 자신을 어떤 식으로든 관점을 가지고 바라보고 있다. '내가 조금 못난 것은 아닐까'라는 마음은 상대가 별 뜻 없이 던진 말에도 '역시 나를 무시하고 있구나'라고 생각한다. 그리고 화가 난다. '난 지난 10년 동안 변한 게 하나도 없구나. 이게 뭐지. 언제쯤이나 달라질 수 있을까'라는 자신에 대한 부정적인 생각이 친구의 말 한마디에 마음이 흔들리게 되어 화가 나고 기분이 언짢게 된 것이다. 친구 말 한마디를 핑계 삼아 열등감을 표출한 것에 지나지 않는다.

이런 열등감은 심지어 상대에 대해 은근히 공격적으로 비난하거나 깔보는 말을 습관적으로 하게 되는 모습이 되기도 한다. '아니, 너는 그런 수준은 아니지', '네가 해본다고 그렇게 잘 될 것 같지는 않은데'라고 걱정스러운 듯 말하지만 그 안에는 이렇게 상대를 업신여기거나 깔보면서 상대적으로 우월감을 느끼고 싶은 열등감이 숨어 있다. 상대방은 별다른 경쟁의식이나 시기, 질투심도 없는데 자기 혼자 그런 말을 내뱉으면서 우위에 서 있다고 착각한다.

일이 굉장히 잘 풀리고 있거나 누군가에게 인정을 받거나 사랑받고 있다면 외부의 상황이나 남들의 평판에 흔들리지 않는다.

신경도 쓰이지 않을 것이다. '뭐 그럴 수도 있지'라며 넘어갈 수가 있다. 일이 잘 안 풀리거나 상황이 안 좋거나 이미 마음에 불편한 무엇인가가 있을 때 우리는 핑계를 대게 된다. 상황 탓으로, 남 탓으로 말이다. 그래서 자신의 기분이 안 좋게 되었고 그랬으니 당장 사과를 요구한다. 하지만 곰곰이 생각해보면 이 모든 것은 자신의 마음으로부터 온다. 마음 탓이다. '내 마음' 탓이다.

추진력 있게 매듭을 짓는다

뭔가를 빨리 처리한다는 것은 때론 대충하는 것으로 오해받기 쉽기 때문에 성과의 질이 떨어진다고 생각되기도 한다. 하지만 반대로 신중하게만 일을 진행하면 속도가 너무 느려 성과의 양은 말할 것도 없고 그 지지부진한 과정에서 성취감도 느끼기 어려워 심리적으로 지친다. 그래서 결과의 양뿐만 아니라 질도 모두 만족하기 어려운 경우가 많다. 완벽하게 시작하려고 하는 의식 자체가 마음의 짐을 만들어내 시작도 하지 못하고 일을 미루기만 하게 될뿐더러 나중에 '나는 완벽하게 하지 않으면 아예 시작도 하지 않는 사람이다'라는 궁색한 변명만을 늘어놓은 채 뭐 하나 딱히 한 것이 없는 상태를 깨닫게 된다.

'나는 일단 청소기를 돌리고 난 후 가구나 창틀의 먼지를 걸레질

내가 변해야 비로소 운명이 바뀐다 - PEOPLE

로 훔쳐내고 바닥을 다시 물걸레질로 두어 번은 할 정도로 완벽하게 청소를 하는 사람이야'라고 말하는 사람의 집은 일반적으로 1년의 3분의 2 이상은 먼지가 수북하게 쌓여 있다. 한번 청소를 하는 것은 이 모든 청소의 과정을 한꺼번에 하는 것으로 생각하고 있으니 막상 하려고 할 때 엄두가 나지 않는다.

바닥에 먼지가 쌓여 있고 덩어리가 되어 굴러가고 있는 것이 보여도 공기청정기만 틀어놓을 뿐 나중에 날을 잡고 확실하게 해야지 하는 마음으로 미루고 하지 않는다. 집 먼지 때문에 기침을 하고 목이 붓기까지 한다. 그렇게 버티고 버티다가 이제는 안 하면 안 될 정도로 최악의 상황이 될 즈음 한 달에 한 번쯤 몸살이 날 정도로 격렬하게 청소를 한다. 누가 봐도 깨끗하고 빛이 날 정도로 청소를 하니 정작 자기 속은 후련하다. 그날 하루 정도만 말이다. 하지만 곧 먼지가 쌓이고 더러워진다.

청소는 한 달에 한 번 격렬하게 하면서 진을 빼야만 하는 일이 아니다. 게다가 몸살까지 걸리면서 말이다. 하루 이틀에 한 번쯤 밀대를 밀어 완벽하지는 않아도 먼지를 없애는 정도만 해도 되고 가끔 대청소를 하면 된다.

모든 일을 완벽하게 하려하기보다는 선별적으로 그때그때 속도감 있게 처리해나가는 것이 자신의 일상에 지치지 않고 꾸준히 이어갈 수 있는 방법이다.

완벽함을 경계한다

학교 다닐 때 꼭 공부하기 싫으면 안 하던 책상 정리정돈을 한다. 그리고 피곤하다는 적당한 핑계가 그럴 듯하게 생기니 공부는 다음날로 미룬다. 공부를 못 해서 하루를 망쳤지만 그래도 정리정돈은 했다는 것을 위안 삼으며 공부는 뒷전이 되고 이런 패턴은 다음날에도 여전히 이어진다. 전형적으로 공부를 안 하고 못 하는 아이들의 유형이다. 목욕을 하고 몸과 마음을 단정히 한 상태에서 공부를 하지 않으면 공부가 잘 되지 않는 성격도 있겠지만 어느 정도 타협하고 그 습관을 바꾸는 편이 낫다.

완벽하지 않은 상태에서도 해야 할 일을 해야겠다는 마음이 중요하다. 완벽하고 싶다는 마음은 실패를 두려워하게 만든다.

단번에 성과를 내어 큰일을 이루고 싶다는 압박감 때문에 작은 일로 보이면 관심이 생기지 않고 시작도 안 하려고 한다. 큰일만을 고집하며 허황된 꿈만을 꾸게 된다면 작은 일들이 쌓여서 만들어지는 인생에서 할 수 있는 일이라고는 아무것도 없다. 어느 누구도 검증되지 않은 사람을 믿고 덥석 큰일부터 주지는 않는다.

작은 일에서부터의 성과들이 큰일까지 할 수 있는 기회를 만들어낸다. 하다 보면 실패나 실수를 하지만 그것들이 자신만의 경험과 노하우가 된다. 애초에 '자신'이라는 사람도 완벽하지 않다. 몇몇을 제외하고는 얼굴 같은 외모도 성격도 능력도 고치려고 한다면 모두 다 뜯어 고쳐야 할 정도일 것이다.

실패를 두려워하지 않는 적극적인 실행력과 그에 따라 기대해볼 수 있는 성과는 자신이 불완전하다는 것을 인정할 수 있는 것에서부터 출발한다.

그러니 처음부터 완벽한 것이라고는 없다고도 할 수 있다.

요즘은 일을 속도감 있게 빠르게 진행하고 또 진행하면서 때로는 즉각적으로 의사결정을 하여 하나하나씩 매듭을 짓고 마무리를 짓는 신속함이 필요한 시대이기도 하다. 현명한 사람들은 어차피 도달할 수 없는 완벽함이나 알 수 없는 해답을 얻기 위해 유한한 시간을 낭비하지 않는다. 완벽하고 정확한 일이 아니라면 아예 손도 대지 않고 시작도 하지 않겠다면서 소소한 일의 성과를 미루고 외면하지도 않는다. 산의 정상을 오르는 일에 한 발 한 발의 보폭이 완벽하고 크게 움직여야만 하는 것은 아니다. 그렇게 생각하고 저 멀리 보이는 산 정상을 보면 기가 죽고 오를 의욕조차 상실되고 만다. 기가 꺾인다. 그저 내딛는 발끝을 보며 한 걸음 한 걸음 자신의 리듬에 맞는 보폭으로 앞을 향해 오르다 보면 어느덧 산 중턱까지 올라와 있는 자신을 발견하게 된다.

매순간 긴장하고 고도의 집중력을 발휘한다면 오래 못 가 기진맥진 지치기도 하고 사실 세상만사 모든 일을 그렇게 해야 할 이유도 없다. 모든 일에 있어 '적중'이란 없는 것이다. 나라는 존재도 완벽하지 않은데 완벽을 기울여 정확하려고만 하는 것 자체가 모순이기도 하다. 자신에 대해서도 완벽함에 대한 가치에만 초점을 맞추면 우리들의 인생은 살아오면서 이미 많은 상처와 실수, 실패로 범벅이 되었기 때문에 다시 인생을 리셋(reset)하여 초기상태로 돌려놓지 않는 이상 이미 만신창이인 셈이다.

해오던 것들을 깨끗하고 완벽하게 새로이 다시 만들려는 것은 시간 낭비이고 에너지 낭비에 지나지 않는다. 어릴 적 노트필기를 다시 깨끗하게 옮겨 기분이 좋았던 경험은 있겠지만 인생은 그렇게 지난 것들을 굳이 새로 돌리며 다시 만들며 살 필요가 없다. 실수하고 실패하고 아파하면서 온 지금의 당신이 새것은 아니지만 오랫동안 세월의 흔적을 이기고 견뎌온 명품의자와 같다.

내가 변해야 비로소 운명이 바뀐다 – PEOPLE

완벽하려고 하지 말아야 한다. 태초에 우리는 완벽하지 않다. 시간이 흐르면서 곱게 나이 들어가는 것이 축복이다. 그리고 나이가 들어간다는 것은 절대 완벽으로부터 멀어지는 것이 아니다. 성숙해지며 비로소 '내'가 되어가는 과정이다.

때와 그릇이 있다

조급하게 자신이 노력을 더 하지 못한 것을 탓하지 말일이다.

꽃이 겨울에 활짝 피지 못한 것은 노력이 부족해서가 아니라 아직 겨울이기 때문이다. 겨울에 제아무리 노력을 해봐야 꽃은 피울 수 없다.

부족한 노력을 탓하면서 좌절한다면 어리석은 일이다. 노력을 해도 안 될 때가 있고 작은 노력에도 목표를 이룰 수 있는 시기가 있다.

자연에 꽃도 있고 소나무도 있고 풀도 있듯이 자연을 닮은 인간 세상에도 각자의 역할과 취하고 움직여야 할 때가 있다. 꽃이 소나무가 되지 못한 것을 원망하고 풀이 꽃을 피우지 못하는 것을 한탄하는 것은 자연의 섭리가 아니므로 자연스럽지 못하다.

인간 세상도 자연과 마찬가지로 각자가 존재하는 이유가 있고 그 각자의 존재는 합이 되어 자연스러운 조화를 만들어간다.

자신의 기운은 나무(木), 불(火), 흙(土), 쇠(金), 물(水)이라는 오행(五行) 중 하나의 존재로 태어나 벗어날 수 없는 자신의 그릇인 명(命)을 만들고, 운(運)에 따라 그 그릇에 맞는 밥이나 반찬을 담아 채우며 사람들과 인간 세상을 만들어간다. 밥그릇은 국그릇이 되지 않았음을 탓하지 않는다. 국그릇에 반찬을 필요에 따라 잠시 담아 쓸 수는 있겠지만 국그릇은 국그릇일 뿐이다. 전체 밥상에서 그릇들과 밥, 국과 반찬을 채워서 조화가 되면 그뿐이다.

명(命)이라는 각자의 그릇에 용도 이외의 다른 것을 담으려고 하지 말고, 운(運)에 따라 그 그릇에 맞는 양의 밥, 국이나 반찬을 노력이라는 정성과 양념으로 맛있게 채우면 된다.

다른 그릇을 시기하거나 질투하면서 애를 태울 필요도 없다. 헛된 일에 지나지 않는다.

부귀는
중화의 원리로 얻는다

동양철학에는 오행(五行)이라는 것이 있다. 목(木), 화(火), 토(土), 금 (金), 수(水)라는 다섯 가지의 기운으로 우주나 인간계의 현상을 오행의 상생(相生)과 상극(相剋)으로 이해하는 순환의 이치를 만든다. 나무가 타서 불이 되고 불에 타면 재가 나와 흙이 되고 흙이 단단해져서 바위가 만들어지며 바위에서 물이 나오고 물은 나무를 자라게 하는 것이 상생의 원리이다. 반대로 나무가 흙에 뿌리를 내리고 불은 쇠를 녹이며 흙은 물을 가두어 탁하게 만들고 쇠는 나무를 자르고 물은 불을 끄는 것이 상극의 원리이다.

사람들의 관심사 중 예나 지금이나 변치 않는 것은 부귀(富貴)에 관한 것이다. 부(富)는 재물이고 귀(貴)는 명예라고 할 수 있다. 운명의 이치를 알아가는 명리학에서 돈이라는 것은 자신의 그릇이 감

내가 변해야 비로소 운명이 바뀐다 – PEOPLE

당할 수 있어야 생기는 논리이다. 그리고 돈은 오행이 극하는 논리에서 생긴다.

1) 나무(木)를 살펴보면 나무가 흙(土)에 뿌리를 내려 그 뿌리로 땅을 제대로 움켜잡고 있어서 비가 오더라도 산사태가 나지 않고 흙이 물에 쓸려 내려가지 않아야 그 흙이 나무에게 있어서 재(財), 즉 돈이 된다. 아무리 넓은 땅이라도 나무가 감당하지 못하면 그것은 내 돈이 아니다. 일견 내 것으로 보일 순 있어도 이내 곧 흩어져 사라진다.

2) 불(火)을 기준으로 보면 불이 극하는 금(金)이라는 쇠도 녹여야 돈이 되는데 적당량이 있어야 자신의 불로 녹일 수 있다. 녹일 수 있는 쇠의 양을 넘어서 마구 들어오면 도리어 불이 꺼질 수 있다. 욕심이 과하면 화를 불러온다. 몸도 상한다. 그러니까 우선 내 불로 녹일 수 있는 정도의 쇠인지를 봐야 하고 불에 부족함이 있다면 주변에 나를 도와줄 수 있는 땔감은 있는지 아군의 수와 힘도 같이 파악해야 한다.

또 쇠가 많으면 암반수에서 물이 나오니 물을 생하게 되어 물의 힘이 강해져서 역으로 물이 불을 극하며 끄게 된다. 금을 기준으로 나를 극하는 불을 내가 생하는 물로 제압하면서 문제가 일어날 수 있는데, 이것이 재판이나 소송에 연루되기 쉬운 관재수이다. 관(官)

은 나를 극하는 오행을 부르는 십성 중 하나이다.

3) 흙(土)도 담아둘 수 있는 정도의 물(水)에 욕심을 내야지 감당도 안 되는 물을 담아두려고 하다가는 물에 뒤섞여 흙탕물이 되기 쉽다. 물을 잘 담아두는 땅이 되느냐 물의 힘에 눌려 흙탕물이 되느냐 하는 것은 정말 종이 한 장 차이이다. 사업가는 사업이 잘 되어야 사업가이지 조금만 어긋나 큰돈에 휘둘리면 금세 사기꾼이 된다. 물을 적당히 담아두는 자연스럽고 아름다운 풍경으로 남을 것인가 거센 물살에 몸도 못 가누는 뿔뿔이 흩어진 흙, 흙탕물이 될 것인가 하는 문제에 있어 조금만 현명하게 판단한다면 물을 적당히 머금은 촉촉한 땅이 된다거나 물을 담아두는 저수지가 될 수도 있다.

4) 쇠(金)의 입장에서 보면 나무(木)를 잘라내야 돈이 생기고 사회활동도 왕성해진다. 저기 눈에 보이는 곳에 숱한 나무들이 보인다고 한들 잘라내어 땔감을 만들지 못하면 다 부질없다. 숱하게 자라 있는 나무를 바라보며 헛된 욕망과 욕심을 키우기 전에 우선은 쇠로 만든 자신의 도끼의 품질부터 확인해봐야 한다. 자기 자신을 알아야 한다는 말이다. 내 도끼의 날이라면 얼마 정도의 나무를 잘라내야 도끼의 날이 상하거나 심지어 도끼날이 손잡이에서 빠져 영영 사용하지 못한 채로 방치되는 것을 막을 수 있을지 말이다. 도

끼날이 웬만큼 상한다면 칼갈이에 갈아 그 날의 예리함을 회복시키면 된다. 하지만 자칫 눈에 보이는 돈에만 눈이 멀어 욕심껏 베어내려고 한다면 평생 도끼는 쓰지 못하게 될지도 모른다.

5) 물(水)을 기준으로 보면 불(火)을 극하여 꺼야 돈이 된다. 큰불에는 물을 많이 부어야 끌 수 있고 작은 불이라면 양동이의 물로도 가뿐히 끌 수 있다. 큰불에 어쭙잖은 물을 부어서는 불이 꺼지기는 커녕 물이 수증기가 되어 금세 날아가 버려 그 형체도 찾기 어렵게 될 것이다. 공중분해 되는 것이다. 끄려고 하는 불을 우선 제대로 파악하고 내 힘이 그것을 감당할 만큼 강한지 또는 약한지부터 확인해보는 것이 우선이다.

이렇게 돈이라는 것은 내가 통제와 관리가 가능한 범위의 그릇을 말한다. 내가 움켜쥐고 감당할 수 있는 그릇이 자신이 벌고 유지할 수 있는 돈의 크기가 되는 것이다.

명예 역시 오행이 극하는 원리에서 생겨난다. 다만 돈이 내가 극하면서 통제하고 감당할 수 있는 범위에 대한 것이라면 명예는 나를 극하는 것을 견디고 버틸 수 있느냐의 문제가 된다.

드넓은 땅(土)이 있는데 태양만 떠 있다면 황량하기 그지없다. 이

때 땅이 극하는 적당한 물이 들어와서 땅을 촉촉하게 해줄 수 있다면 그것은 돈이 들어오는 것으로 보면 된다. 태양에 의해 지나치게 건조해져 있는 땅에 물이 들어와 어느 정도 중화했으니 운이 좋은 아름다운 모습이 되었다. 또는 땅이 넓으니 나무를 심어 그 땅의 기운을 조금 눌러주어도 중화된 아름다운 모습이 된다. 히히벌편보다는 나무도 심어져 있고 개울도 있는 풍경화가 아름다운 것은 두말할 나위가 없다. 이때 땅을 극하는 오행인 나무는 명예가 된다. 주변 사람들로부터의 평판이 좋아지고 인정을 받게 되어 높은 자리에 오르고 위상과 권위를 가질 수 있는 상태가 되는 것이다.

이처럼 명리학은 재물과 명예 등 인생의 다양한 요소에 대한 해답을 보여줄 뿐 아니라 인생에서 선택과 대응의 순간에 어떤 식으로 움직여야 하는지에 대한 방법까지도 알려준다. 물론 자신의 태생적인 성향과 심상을 통제해야 하는 지극히 극복하기 어려운 숙제는 여전히 남겨두고 있다. 하지만 과한 것은 눌러주거나 설기(명리학에서 과한 오행의 기운을 빼주는 것)시키고 부족한 것은 채우는 중화의 원리를 따른다면 인생의 중요한 시점에서 우매한 선택은 피하고 운명이 조금씩 긍정적으로 변하게 되는 것을 보게 될 것이다.

TIME

SPACE

PEOPLE

나의 운을 높이는 인人(PEOPLE)의 비법

자연보다 변하지 않는 사람,
그런 나를 바꾸는 지침

- 복된 습관을 만들며 쌓아가는 작은 실천에서 운명은 변화한다. 잘못된 것들은 바로 잡으며 올바르고 정직하고 때로는 결단력도 발휘해야 한다.

- 사람이 변하려면 역동적인 경험이 쌓여야 한다. 평범한 일상을 반복해봐야 잘 바뀌지 않는 사람의 근본을 흔들어놓기는 어렵다.

- 화가 나는 것은 나에게 일어나는 외부의 상황 때문만은 아니다. 자신의 현재 상황이나 마음 상태에 의한 것이다.

- 완벽하게 하려고 하는 의식 자체가 마음의 짐을 만들어내 시작도 하지 못하고 뭐 하나 딱히 한 것 없는 상태로 만든다.

- 모든 일에 있어 '적중'이란 없다. 나라는 존재도 완벽하지 않은데 완벽을 기울여 정확하려고만 하는 것 자체가 모순이다.

- 명(命)이라는 각자의 그릇에 용도 이외의 다른 것을 담으려고 하지 말고, 운(運)에 따라 그 그릇에 밥, 국이나 반찬을 노력이라는 정성과 양념으로 맛있게 채우면 된다.

- 명리학(命理學)에서 부귀(富貴) 역시 오행이 극하는 원리에서 생겨난다. 다만 돈이 내가 극하면서 통제하고 감당할 수 있는 범위에 대한 것이라면 명예는 나를 극하는 것을 견디고 버틸 수 있느냐의 문제가 된다.

TIME

SPACE

PEOPLE

8
Day

변화하고 움직이는 운,
그 '운'을 바꾼다

PEOPLE

운은 천천히 다가와
한순간 폭발한다

어떤 일이 벌어질 때 그 일은 한순간, 순식간에 갑작스럽게 일어난 일이 아니다. 일이 벌어지는 것이 외부로 드러나 보인 것이 지금일 뿐이다. 보이지 않는 이면에서 하나씩 만들어져 오다가 폭발하여 드러나 알게 된 순간을 '일어났다'고 생각하는 것뿐이다. 실제로 보인 것이 지금이니까 말이다.

보이지 않을 때도 오랜 시간 다양한 방법으로 징조를 보여줬지만 눈에 보이지 않았으니 없는 것이고 일어나지 않은 것이라고 생각한다.

볼펜을 손으로 잡고 있다가 놓으면 떨어진다. 볼펜을 손에서 놓은 원인이 있으니 바닥에 떨어지는 결과가 생긴다. 이렇게 어떤 원인에 따른 결과가 즉각적으로 일어나는 인과관계는 운으로 보기 어렵다. 운은 보다 장기적인 관점에서 천천히 일어나고 진행되는 결과라고 할 수 있다.

예로 관운이라는 것은 승진, 출세를 말하거나 공무원이나 선생님, 또는 큰 조직에서 직위가 올라가는 운을 말한다. 이 관운이라는 것도 어찌 보면 타고난 천성적 기질에서 기인한다. 남들에게 인정받는 것을 좋아하고 명예를 얻으며 성취하는 것을 지향하는 천성적인 기질은 어릴 때부터 서서히 꾸준하게 발휘되어온다. 회장, 반장 같은 임원을 한다거나 다른 사람 앞에 나서서 주목받는 것을 좋아한다거나 나이가 들면 직업이나 직위로 남들 앞에 우뚝 서는 것을 좋아하는 것으로 드러나기 쉽다. 이렇게 천천히 준비되어온 관운의 기질은 사회생활을 하면서 본격적으로 드러나 돈에 좌지우지되지 않고 출세와 승진 또는 어떤 조직의 장이 되는 것을 지속적으로 원하는 모습으로 드러나게 된다.

운은 이미 미리 결정되어 있어 내가 현재 어떤 일을 하더라도 변화시킬 수 없는 미래를 말하는 것이 아니다. 어떤 사건이나 외부자극에 대한 자신만의 일관된 대응방식이 앞으로의 운을 만들어간다.

내가 변해야 비로소 운명이 바뀐다 - PEOPLE

삶과 인생의 선택과 대응방식은 어떤 추세를 만들어가게 된다. 그리고 그 추세의 에너지가 응집이 되어가다가 결과적으로 폭발적인 기운으로 나타나게 된다. 지금 자신이 하고 있는 생각, 말과 목소리, 행동과 습관, 표정과 태도, 걸음걸이 같은 모든 것들도 장차 다가올 운을 천천히 만들고 있다. 이런 작은 것들 하나하나부터 고치고 바꾸어야 운도 바꿀 수 있다. 이것이 운의 원인이 되는 지금 자신의 모습을 잘 살피고 성찰해야 하는 이유이다.

운의 흐름을 바꾸다

운이 좋다는 것은 억지로 힘을 주고 무리해서 애를 쓰지 않아도 물이 흐르듯이 일이 잘 이루어진다는 뜻이다. 몸과 마음이 저절로 집중이 되어 쓸데없는 일을 하지 않고 좋은 결과와 인연을 만들어낸다. 운이 좋을 때는 마음에 산만함이 없고 정신이 흐트러지지 않는다. 어느 한쪽으로 치우치지 않은 상태가 된다. 그리고 어떤 특정한 것에 끌어당겨지며 의식이 되지 않는다. 운이 좋으면 이렇게 크게 불편함이 없다.

몸의 어떤 특정부위가 안 좋으면 콕콕 찌르는 아픔이 있건 묵직한 무거움에 불편하건 신경이 쓰이게 된다. 몸이 건강할 때는 자고 일어나고 먹고 생활하는 데 몸이 전혀 신경이 쓰이지 않는다. 건강한 몸이 운이 좋은 몸이다. 피부로 이야기하자면 피부가 거칠거나 기름지거나 하지 않은 적당한 촉촉함이 있는 상태가 운이 좋은 피부이고 몸이 된다.

또 허기지거나 배고프지도 배부르지도 않고 목마르거나 하지 않은 적당한 포만감이 있는 상태가 운이 좋은 상태이다. 이미 배가 부른 상태인데 밥이나 빵을 먹어야 되는 상황은 운이 나쁜 것이고 배가 고프고 목이 마른 와중에 아무것도 먹을 수 없고 물 한 모금 마실 수 없는 상태가 운이 나쁜 것이다.

그러니까 운이 나쁘다는 것은 한쪽으로 지나치게 치우쳐서 균형을 잃어버린 상태를 말한다. 그 깨진 균형을 바로 잡을 수 없는 상태가 지속된다면 운이 나쁜 상태가 계속 되는 것이다. 운이라는 것도 관성이 있어서 나쁜 운은 계속 나쁘게 흘러가고 좋은 운도 그 관성으로 계속 가려는 성질이 있다.

그 운의 흐름의 방향을 바꾸기 위해서는 단기간의 강력한 변화가 필요하다. 그 변화 방법에는 시간을 현재와 달리 쓰는 것, 이전과 다른 사람들과 어울리는 것, 그리고 공간의 변화, 즉 이사나 불필요한 물건을 버리고 가구나 소품의 배치를 달리 하는 것을 들 수 있다.

그리고 또 하나, 자신의 타고난 태생적인 기질과 성향을 잘 파악하여 자신이 인생에서 진정으로 원하는 것이 무엇인지를 아는 것만큼 중요한 것은 없다. 나는 사람 만나는 것을 좋아하는지, 아니면 사색하거나 하는 등 혼자 있는 시간을 즐기는지, 성취와 발전을 원하는지, 아니면 안정과 계획된 삶을 원하는지, 효율적이고 현실적인지 아니면 이상적이면서 직감이나 영감이 발달했는지, 돈에 대한 욕심이 많은지, 또 많다고 해도 안정적으로 꾸준하게 저축하며 쌓아가는 것을 좋아하는지, 아니면 위험이 있다고 해도 어느 정도의 리스크를 감당하면서 큰돈을 벌려고 하는 욕구가 강한지, 이도 저도 아니면 돈에 대한 개념이 희박하고 뒷마무리나 결단력이 떨어지는지 등 그 방법은 셀 수 없이 많다.

　주변 사람들에게서 어떤 성향이 발견되었다면 그 성향을 자신에게 비추어 생각해볼 수도 있고 TV나 영화를 보면서도 출연자나 등장배우들의 성격을 보면서 자신과 닮은 점과 다른 점을 정리해볼 수도 있다. 이렇게 자신의 타고난 기질과 성향을 알면 어떤 인생을 살아야 하는지 그 방향이 보이기 시작한다. 또 자신이 중요하게 생각하는 가치에 대해서도 정리를 해본다면 어떤 선택을 할 때 그 기준이 될 수 있을 것이다. 가치에는 신용, 정직, 친절, 자유, 발전, 성장, 절제, 추진력, 인내, 지혜, 건강, 돈, 변화, 창조, 신뢰, 개척, 용기, 효율성, 실용성, 화합, 성공, 자신감, 근면, 긍정 등과 같은 것들을 들어볼 수 있다.

현재의 상황을
받아들이는 용기

마음도 마찬가지이다. 마음이 산만하고 정신이 흐트러져 있으면 집중력이 없어지게 된다. 헛되고 무모해 보이는 일들에 마음이 가고 계속 헛방만 날리는 상태가 되는 것이다. 이럴 때를 주의해야 한다. 운이 좋지 않을 때는 무리하게 된다. 잘못된 일이나 결과를 받아들이지 못하고 한순간에 바로 잡으려고 더 큰 실수를 하기 쉬운 마음의 상태가 된다. 지금의 상태를 받아들이기가 어렵기 때문이다. 당면한 현실을 마주 대하고 지금 서 있는 자리에서 출발하려는 용기와 의지가 생기지 않는다. 용기가 나지 않는다. 두렵기 때문이다. 하지만 두려움은 누구나 가지고 있다. 두렵지 않다면 그것은 둔감하기 때문일 뿐이다. 용기는 두려워하지 않는 것이 아니라 두렵지만 해보려는 의지를 갖고 움직이는 것이다.

자신이 현재 서 있는 자리를 받아들이지 못하고 비슷한 나이 또래나 학연, 지연, 혈연으로 엮인 타인의 자리를 기준 삼아 그 잣대로 자기 자리를 가늠하는 것만큼 불행한 것은 없다. 그들의 인생은 그들의 것일 뿐이다.

　안 좋아지면 더 안 좋은 일들이 계속 되는 관성의 방향을 돌리기도 어렵다. 우선 받아들여야 한다. 지금 현재의 상황을 말이다. 그렇지 않으면 이내 곧 더 큰 실수와 실패를 맛본 후 받아들이지 못했던 그때가 그래도 살만하고 괜찮았던 시절이었음을 깨닫게 될 뿐이다.

　어떤 곳에 투자를 하면 연 수익 50% 내지는 월 수익 10%를 보장받을 수 있다는 말을 들으면 지금 어떤 생각이 드는가. 혹하는 마음이 생기거나 더하면 얼른 돈을 구해 투자해야지 하는 조급한 마음이 들 수도 있다. 반대로 이런 사기 같으니라고 도대체 무슨 말도 안 되는 이야기냐며 의심부터 하는 사람도 있을 것이다. 실제로는 예외적인 좋은 투자처일 수도 있고 귀가 얇은지 또는 의심이 많은지와 같은 사람마다의 성향 차이도 있을 테지만, 이런 이야기에 혹하거나 투자하려는 마음이 생겼다면 현재 운이 나쁜 상태일 확률이 높다. 가까운 시일의 투자실패가 있었거나 현재 돈 때문에 힘든 상태일 확률도 높다. 지푸라기라도 잡고 싶은 심정은 지푸라기를 잡을 수밖에 없는 현재의 좋지 않은 운을 대변해줄 뿐이다. 저런 이야기에 혹하거나 흔들리지 않는다면 조금 안심해도 좋다.

보통의 평범한 일상을 살고 있는 우리에게 느닷없이 꿈같은 일들이 벌어질 때가 있다. 자신의 짝을 찾지 못해서 고민하고 괴로워하며 매일같이 의기소침한 날을 보내고 있던 한 여자에게 훤칠한 키에 반듯한 외모뿐 아니라 성격도 호탕하고 직업도 전문직에 돈도 많이 버는 데다가 자신만을 공주 받들 듯 예쁘게 대해주는 남자가 나타났다면 이는 둘 중 하나다. 운이 너무 좋아서 드디어 기다리던 귀인이 나타났다거나 운도 지지리 없어서 결국 사기꾼 같은 남자에게 제대로 사기를 당하게 되는 경우 말이다. 이런 일들이 벌어지면 이 상황이 어떤 상황인지 가만히 차분하게 바라봐야 한다. 바라본다고 답이 바로 나오는 것은 아니지만 일단은 경계도 해보고 관계의 속도도 늦춰보며 조심해볼 필요가 있다.

적당한 것이 운을 부른다

마음의 상태가 한쪽으로 치우쳐져 있는 것은 불안하기도 하지만 운이 좋지 않은 상태이다. 욕심이 과하면 화를 입고 욕심이 부족해도 의욕이 떨어지고 무기력해진다. 적당한 욕심이 아름답다. 타인에게 인정받으려는 욕구가 적당하면 열심히 하려는 동기가 생기지만 너무 신경을 곤두세워서 과하면 겉치레를 하게 된다.

명리학에서 말하는 운이 좋다는 것도 기운이 치우침이 없이 중화되어 있는 상태를 말한다.

보통 태어날 때는 기운이 한쪽으로 쏠려 약하거나 강하게 태어나는데, 그 기운을 중화시키는 오행이 들어오는 때를 운이 좋다고 말한다. 즉 강하면 조금 약하게 만들어 중화시키고 약하면 조금 강

내가 변해야 비로소 운명이 바뀐다 - PEOPLE

하게 만들어 중화시킨다.

누구나 태어나면 팔자(八字)라는 여덟 개의 글자를 가지고 태어난다. 태어난 날짜의 첫 글자인 일간을 중심으로 나머지 일곱 개의 글자 중 자신과 같은 오행이나 자신을 생해주는 오행이 많다면 사주가 강해진다. 친구가 많거나 자신을 믿고 도와주며 지지해주는 어머니의 입김이 세면 아이는 기가 살고 기세등등해진다. 강해진 상태가 되는 것이다.

반대로 일간이라는 자신을 극하는 오행이 많거나 일간이 감당해야 하는 자신이 통제하고 극하는 오행이 많은 경우, 또 일간 자신이 생해서 도와줘야만 하는 오행이 많은 경우는 사주가 약해진다. 남편에게 잡혀 사는 데다가 부양해야 하는 아버지가 계시고 자식이 많으면 아무래도 기운이 달리게 된다. 약한 상태가 되는 것이다.

일간이라는 자신이 너무 강해졌다면 그 해당하는 오행을 극해주거나 설기시켜 덜어주어야 하고 신약하다면 일간에 힘을 주어 튼튼하게 만들어줘야 한다. 너무 강하면 에너지의 순환이 정체되고 약하면 기력이 쇠해 여기저기서 휘둘리게 된다.

감정도 선택할 수 있다는
능동적인 태도

우리가 주목해야 하는 것은 운이 좋다고 느낄 때의 마음의 상태이
다. 우선 명리학에서 말하는 타고난 큰 틀의 명(命)과 10년마다 바
뀌는 대운, 매년마다 바뀌는 세운에 의한 운의 변화는 받아들인 후,
운이 좋을 때의 마음을 이해하고 유지하려고 노력해야 한다. 이런
노력을 꾸준히 하다 보면 운이 좋은 상태에 가장 가까이 갈 수 있
게 된다.

  금세 잊힐 수도 있는 운이 좋았을 때의 마음을 기록해보고 분석
도 해봐서 의미 있는 통찰의 결과를 이끌어내고 그 마음을 능숙하
게 지속적으로 만들어낼 수 있도록 끊임없이 노력해야 한다.

우리가 명리학을 깊이 있게 공부하여 '운이 좋은 상태의 마음을 가지려면 어떻게 해야 할까?', '운이 좋고 나쁘다는 것은 무엇이며 그 흐름은 어떻게 꿰뚫어 볼 수 있는 것일까?'를 평생 고민하며 살기는 어려울 것이다. 하지만 자신이 해야 할 일과 하고 싶은 일들 사이에서 정신없이 살다 보면 이 일이나 길이 맞는지 질문을 해보기보다는 주어진 바쁜 일상 속에서 순응하면서 살게 되는데, 때때로 잠시 멈춰서 내 마음의 상태에 대한 질문을 해보는 것은 가능하다. 내 마음은 운이 좋은 상태인가 혹은 운이 나쁠 때의 마음의 상태인가 정도의 질문이면 된다. 하루에 한 번도 좋고 일주일에 한 번도 좋다.

기쁘고 들뜨고 설레고 분노하고 실망하고 아파하고 원망하고 괴로워하는 등의 여러 가지 감정은 외부의 어떤 요인에 반응하여 자연스럽게 일어나는 것이라는 생각을 버리고 어떤 외부요인에 의한 감정이라도 스스로 결정하고 선택한다는 능동적인 태도를 취해야 한다.

외부요인과 자신의 감정 사이에는 선택할 수 있는 간극이 있다는 것, 이것도 연습을 하다 보면 기본적으로 내부에 흘러가는 마음은 평정심을 찾고 유지할 수 있다.

휘둘리지 않는 이 평정심이라는 마음이 곧 운이 좋은 마음의 상태다. 곧 평화로운 마음이고 맑고 고요한 마음이다. 평정심이라는 마음은 수동적이거나 체념하고 되는 대로 살고자 하는 마음이 아니다. 산만하지 않고 무게중심이 바로 서 있으며 어떤 일에 쉽게 동요되지도 않는다. 다만 교감을 하면서 다양한 감정과 정서를 선택하며 느낀다. 고요하고 정적이지만 매우 평화로우면서 자연스러운 상태를 말한다.

독서는 스스로 고난에서
벗어날 지혜를 준다

평정심이라는 운이 좋은 상태의 마음에 가까이 다가가기 위해서는 자신의 마음을 깊이 있게 바라보는 통찰이 중요하다. 또 그 통찰은 결국 알아차리고 깨닫는 본인의 그릇에 의해 차이와 깊이가 생기게 되므로 통찰의 그릇을 크게 할 수 있는 지혜를 만들어내야 한다. 이런 지혜를 만드는 힘은 꾸준한 독서로 가능하다.

물론 배울 점이 있는 사람들과 교류를 하면서 롤모델로 삼거나 따라해보는 것은 자신의 미래를 바꿀 수 있는 방법이 된다. 사람과 경험을 통해 배울 수 있다면 제일 좋겠지만, 좋은 사람과 인연이 닿기도 어렵고 시간은 유한하여 경험의 한계도 있다. 또 너무 억지로 사람과의 관계를 만들어 힘을 얻고자 하는 인맥 쌓기는 끝이 좋지 않은 경우가 많다. 서로 사람으로서 좋게 지내는 것은 좋지만, 억지로 지위가 높거나 자신보다 나은 사람과의 관계에 목매지 말일이다. 사람과의 관계나 인맥은 자신의 처지와 상황에 맞게 자연스럽게 만들어지기 때문이다.

운이 극도로 나쁠 때는 우선 밖에 나가지 않는 것이 좋다. 집 밖에 나가지 말고 안에서만 꼼짝 말고 있으라는 것은 아니지만 특별하게 뭔가를 해보겠다고 도모할 일이 아니다. 그저 지금 하고 있는 일 정도만 하면 족하다.

주변 사람들에게도 조금 더 너그럽게 대해야 나쁜 운도 잘 지나갈 수 있다. 직장에서는 남보다 먼저 어려운 일을 하고, 얻으며 취하는 것은 남보다 나중에 하는 것이다. 사실 직장에서는 정말 사소한 일에 기분이 상하고 기분이 좋아지고 하는 법이라 작은 일에 민감해지기 쉬운데, 이것도 지나고 보면 대수로운 일도 아니고 그렇게 신경을 쓰고 예민하게 굴 일도 아니었음을 알게 된다. 평소 행동도 보다 더 공손하고 겸손하게 하고, 맡은 일과 만나는 사람에 정성을 다하고 진실하게 대해야 한다.

굳이 새로운 사람을 알거나 사귀기 위해 애쓸 필요도 없다. 새로운 사람은 만나봐야 재수가 없는 일만 생기거나 사기꾼 같은 사람만 만나기 쉬우니 평소 만나는 정도의 단출한 인간관계만을 유지하면 된다.

운이 나쁘다고 느껴질 때 유일하게 도모할 수 있는 일이라면 독

내가 변해야 비로소 운명이 바뀐다 - PEOPLE

서다. 결정적인 어려운 순간에 같이 고민하고 상의하고 해결책을
줄 수 있는 스승이 있다면 제일 좋겠지만, 그것이 어렵다면 책의
저자를 스승으로 삼을 수 있다.

독서를 통한 공부는 현재 겪고 있는 절망적이고 비참한 처지를
자기 스스로의 힘으로 벗어날 수 있게 도와준다. 인생을 소중하게
여기도록 해주는 힘이 있다. 자포자기의 심정으로 이미 망가졌다
고 생각하는 이번 생은 별 볼 일이 없으니 다음 생을 기약하며 될
대로 되라는 식으로 자신의 삶을 방치하는 사람들에게 왜 살아야
하고 왜 지금의 처지에서 벗어나기 위해서 변화해야 하는지 그 이
유를 알려준다. 인간답게 살고 더 나은 삶을 사는 것에 대해 고민을
하게 만든다.

책을 통해 지혜를 얻게 된다면 삶에서 벌어지는 모든 일과 사건
들의 경험이 또 하나의 배움으로 다가오게 된다.

인생의 불운과 행운을 결정짓는 것은 어떻게 보면 어떤 일이 생
겼느냐 안 생겼느냐의 문제라기보다는 그 일에 어떤 방식으로 대
응하여 자신의 의식이 어떻게 달라지느냐의 문제이다.

문제의식을 갖고 고민을 하면서 자신만의 사유와 가치관을 가질
수 있어야 사람으로서의 깊이가 생긴다. 아무런 고통과 번뇌도 없

이 그저 평탄하게 잘 살아온 사람들과 이야기를 나누어보면 껍데기밖에 없다는 것을 오랜 시간 대화하지 않아도 금세 알아챌 수 있다. 깊이가 없기 때문이다. 나이가 들어간다는 것은 경험과 고민의 흔적이 쌓여가는 것이니 그만큼 성숙해지는 것이다. 성숙해지면 운의 영향을 덜 받는다. 성숙해지면 지혜기 쌓이기 때문이다.

성숙해진다는 것은 자신의 타고난 천성 안에서도 변화할 수 있는 여지를 발견할 수 있다는 것이다. 성숙은 삶의 숱한 경험을 통해서 서서히 채워지기도 하지만 책을 통해서 저자의 생각과 그간 삶에서 녹아 있는 지혜를 체득할 수 있으니 보다 짧은 시간에 성숙의 밀도를 채우는 것이라고 할 수 있다. 저자의 강연을 통한 교육으로도 채워질 수 있는 성숙이지만 책 하나를 사고 읽는다는 것은 공간과 시간에 구애를 받지 않고 저자와의 깊이 있는 대화를 하는 것이다. 그리고 강연과 같은 다른 교육과 달리 저자와의 대화의 속도는 자신이 스스로 결정하고 조절할 수 있다. 텍스트를 읽고 이해하는 데에서 그치지 않고 천천히 음미하여 읽고 행간의 숨은 뜻도 유추해보면서 얼마든지 대화의 시간을 길게 가질 수 있다.

투자의 귀재로 알려진 워런 버핏(Warren Buffett)과 함께 하는 점심식사의 경매가 267만 달러에 낙찰됐다는 보도가 나온 적이 있다. 한화로 약 30억 원대의 낙찰이다. 워런 버핏과 함께 하는 식사에서 얻을 수 있는 긍정적인 영감의 가치는 물론 있겠지만, 한끼 식사를 함께 하는 비용이라고 생각하기에는 쉽게 상상할 수도 없는 액수이다.

대안으로 책을 통해서 저자의 의식을 충분히 배울 수 있고 반복적인 독서를 통해서 그 의식을 내면화할 수 있다.

그렇게 내면화된 의식은 자신의 마음을 변화시키고 말과 행동을 긍정적인 방향으로 통제할 수 있다. 그러면 그것이 천천히 자신의 인생의 운을 바꿔간다.

깨달아가는 즐거움,
책 읽는 습관

미국의 언론인 얼 쇼리스(Earl Shorris)는 빈곤 문제를 해결할 수 있는 방법을 찾던 중 중범죄자 교도소에서 한 여성 재소자를 만났다. 사람들이 왜 가난하다고 생각하는지를 묻는 질문에 여죄수는 "시내 중심가 사람들이 누리는 정신적인 삶, 즉 강연, 극장과 연주회, 박물관 같은 인문학이 없기 때문"이라고 답했다. 부자와 빈자의 차이는 인문학을 배웠느냐 배우지 못했느냐에 있다는 이야기이다.

이 만남에서 깨달음을 얻은 그는 노숙자, 마약중독자, 재소자, 전과자 등을 대상으로 한 인문학 교육과정인 '클레멘트 코스'를 만들었다. 교육의 기회에서 소외된 채 살아왔던 사람들은 철학과 문학, 예술 등을 배웠고 그 결과 이 과정을 거친 55% 이상이 치과의사, 간호사, 패션디자이너와 같은 직업을 가지고 사회복귀에 성공했다.

가난한 사람들에게는 먹을거리와 잠자리라는 생존을 위한 즉각적인 대응도 필요하지만, 인간답게 살아야 하는 이유를 깨닫고 자존감과 자신감을 회복하는 것이 더 중요하며 이것이 인문학 교육을 통해 가능하다는 것을 확인했던 것이다.

가히 인문학 열풍이다. 인문학 공부를 통해 자신의 인생을 바꿀 수 있다는 기대감 때문일 것이다. 책에 관심을 가지고 있는 사람들이라면 인문학 서적을 뒤적여보지 않은 이가 없을 것이다.

인문학은 사람의 의식과 삶을 변화시킬 수 있다. 고전에는 인간에 대한 통찰과 삶의 지혜, 인생과 자연에 대한 본질, 그 사이에서의 상생과 상극을 논하는 존재와 세계에 대한 탐구를 담고 있어 인생을 살아가는 힘과 지혜를 만들어낸다.

하지만 처음부터 책장이 잘 넘어가지도 않는 책을 붙들고서 자신은 책을 읽는 것과 맞지 않다는 좌절감을 느낄 필요는 없다. 먼저 자신의 관심사와 관련된 분야의 책을 선택하여 읽어본다. 좋아하는 관심사부터 책을 읽으며 공부를 하면 된다. 읽다 보면 그 분야에 대한 관심이 멈출 수도 있고 그러면 또 다른 관심이 가는 분야의 책을 읽어본다. 또는 읽어보니 조금 더 깊이 다른 관점에서 알고 싶다면 같은 분야의 책을 다양하게 읽어본다. 책을 읽다 보면 자신이 생각을 하고 있었지만 미처 글이나 표현으로 하지 못했던 자신의 생각과 비슷한 책도 있을 것이다. 그러면 그 책 저자의 다른 책에도 관심을 갖게 되어 읽게 될 수도 있다.

일단 이런 식으로 책을 읽고 공부하는 것에 재미를 붙이게 되면 읽고 싶은 책들이 많아지기 시작한다.

관심 분야의 책, 그 분야의 다른 심화된 책, 저자의 다른 책, 저자가 책에서 언급한 책 등 이렇게 연결고리를 가지고 계속 찾아 읽게 되면 읽고 싶은 책의 범위가 커지게 된다.

그것이 실용서건 자기계발서건 소설이나 수필, 인문고전이건 상관할 것이 없다. 우선은 자신이 관심과 흥미를 느끼는 책부터 읽기 시작해야 재미를 느낄 수 있고 이렇게 일정 시간이 흐르게 되면 책 읽는 습관이 만들어진다. 뭐든 작정하고 달려들면 제풀에 지친다. 오래가지 못한다. 독서는 흥미로운 분야에서부터 가벼운 마음으로 조금씩 시작하고 꾸준히 하면 된다.

책을 읽어가면서 하는 공부는 우리가 막연하게 생각하는 '지긋지긋한 공부'와는 다르다. 알고 깨달아가는 즐거움이 있다. 돈을 지불하고 잠시 일순간에 누리는 향락과는 거리가 멀다. 뻔한 공부가 아닌 자신의 의지로부터 출발한 공부는 즐거움이 반드시 있다. 그리고 책 읽기에서 그 공부의 즐거움을 찾을 수 있다.

생각이 아닌
행동이 운을 만든다

누군가는 눈에 보이지도 않고 실체도 없는 운이라는 것에 대해서 부정적으로 말할 수도 있다. '그럼 운이라는 게 있다면 아무것도 안 해도 큰돈 벌고 잘 살 수 있는 거니까 막 살면 되겠네'라는 식으로 말이다. 참으로 무식한 소리가 아닐 수 없다. 이런 이야기를 할 수 있으려면 적어도 운이라는 것이 어떤 것인지 관련된 책 몇 권은 읽어보고 그 실체에 어느 정도는 근접한 공부가 되어야 하고, 공부가 된 후에라도 조심스러워야 한다. 운에 대해서 마구 비판하는 사람들은 자신은 운을 안다고 생각할지 모른다. 하지만 인생의 운과 삶에 대해서 특히 다른 사람들이 살아가는 인생에 대해서 숱하게 고민해보고 사람들의 내밀한 상처와 서러운 고통에 직면하여 가슴 아파해본 적이 없는 사람은 운에 대해서 그렇게 쉽게 이야기해서는 안 된다.

어딘가에 갇혀 있더라도 사람은 그 환경에 반응을 한다. 아무것도 하지 말라고 묶어 놓으면 그 상황을 깨고 나가려고 한다. 온종일 매듭을 풀기 위해서 동분서주 바쁘다. 사람은 사람이나 공간 같은 환경에 지배를 받지만 주어진 환경에서 새롭게 바꾸고 변화시키려고 하는 역동성을 가지고 있는 동물이다. 존재를 알 수 없는 누군가에 의해 15년 동안 사설 감금방에 갇힌 한 남자의 이야기인 영화 「올드보이」에서 주인공은 탈출하기로 결심하고 쇠젓가락으로 굴을 파기 시작한다. 당최 이해가 되지 않는 상황이 되면 바꾸고 변화시키기 위해서 저항하게 된다.

움직여야 운이 생긴다. 가만히 정체되어 있고 순환되지 않으면 운이라는 것이 애초 생겨날 수도 없다.

돈을 벌려고 해도 사랑하는 사람을 만나려고 해도 건강을 챙기려고 해도 움직이고 이동해야 한다.

'회사를 옮기려고 했는데 팀장님이 사직서를 받아주지 않아서 이직을 못 했어. 그때 이직만 했다면 분명 달라져 있을 텐데', '사실 그날 그 주식을 사고 싶었는데 현금이 없어서 매수를 못 했어. 지금 와서 보니 3배는 올랐네', '그때 그 친구와 화해했다면 좋았을 텐데, 참 좋은 친구였는데, 알고는 있었는데 그러질 못했어' 등 간혹

내가 변해야 비로소 운명이 바뀐다 - PEOPLE

이런 이야기들을 듣게 된다. 다 알고 있었는데 피치 못할 사정으로 하지 못해서 아쉽다는 말들이다. 참 부질없는 이야기이다. 나는 똑똑하고 현명해서 다 알고는 있었는데 상황이 그렇게 되지 못해서 하지 못했다는 말은 아무것도 변화시킬 수 없는 그저 자기 위안일 뿐이다. 실제 행동으로 옮기지 못하고 망설인 이유와 핑계야 실패에 대한 두려움, 민망함, 용기가 부족했던 것 등 여러 가지가 있겠지만 생각만이라는 것은 아무런 의미가 없다. 생각은 행동해야 열매가 된다. 제아무리 품종 좋은 씨앗을 움켜쥐고 '이 씨앗 정말 우수한 품종이라 심기만 하면 대박이지'라고 말해봐야 심는 행동이 없으면 변하는 것은 없다. 아인슈타인의 말처럼 스스로 바뀌지 않고 변화된 미래를 꿈꾸는 것은 정신병 초기 증세일 뿐이다.

변화를 두려워하지 않는 것, 그 변화 속에서 흔히 세상에서 말하는 실패나 실수를 해도 그 경험을 디딤돌 삼아 더 높이 오를 수 있다는 마음을 가지고 당당하게 행동하는 것이야말로 운을 스스로 만들고 운이 좋은 인생을 살 수 있는 가치 있는 시작이다.

운이 좋다는
긍정마인드를 품는다

어렸을 때는 아무래도 어떤 말이건 금방 흡수하고 믿고 잘 받아들인다. 물론 그 기억도 강렬하며 오래가서 쉽게 잊히지 않는다. 그렇기 때문에 어렸을 때의 환경은 중요하다. 새하얀 도화지처럼 모두 다 흡수한다. 들었던 말들이 각인되어 쉽게 지워지지 않기 때문에 인생 전반에 걸쳐서 크게 영향을 미친다. 아직 성숙하지 않은 상태에서 들은 말은 큰 상처가 되기도 쉽고 부정적인 말은 열등감으로 작용할 수도 있다.

하지만 반대의 경우, 그러니까 긍정적인 말을 듣는 경우 또한 절대적으로 강력한 힘을 발휘할 수 있다. '넌 운이 참 좋대', '앞으로 큰돈을 벌 수 있대', '남편복이 있대', '처덕이 있어서 결혼하고 나서는 훨씬 좋을 거래', '앞으로 높은 자리에 오르는 관운이 있다던

내가 변해야 비로소 운명이 바뀐다 - PEOPLE

데'라는 말이 그런 것들이다. 운이 좋다는 말은 머릿속에 뿌리 깊게 각인되어 살면서 조금 좋지 않은 일이 있어도 잘 견디고 버틸 수 있는 힘을 준다. 이런 이유로 아이가 어릴 때는 자칫하면 미래에 대한 오만가지 나쁜 소리는 있는 대로 다 모아서 들을 수도 있는 점집은 데려가지 않는 것이 좋다. 자신의 운에 대한 악평은 알게 모르게 아이에게 내면화가 되어 정말 운이 지지리도 없는 어른으로 자라날 가능성이 높아지기 때문이다.

운이 좋다는 말을 듣고 그것을 믿는다는 것은 다른 의미가 아니다. 저절로 자신도 모르게 자신은 운이 좋다는 절대적인 긍정마인드를 품게 되었다는 데에서 참 의미가 있다.

'나는 잘 된다, 잘 된다고 했으니 무조건 잘 될 거야'라는 자기 암시와 되새김은 결국 운이 술술 풀리는 인생을 만든다. 재수 있는 일이 생기고 재수 없는 일이 멀어진다.

자기 인생에 대해 조금도, 추호의 의심도 하지 마라. '안 될 수도 있지 뭐, 잘 안 될 거야. 잘 된다고만 할 수도 없지'와 같은 부정적이고 재수가 없는 말은 입 밖에도 내지 말아야 한다. 머릿속으로 생각조차 하지 말아야 한다. 이런 부정적인 말 한마디와 생각은 내 입과 마음에 얼씬거리지도 못하게 해야 무의식이 부정적으로 지배당하지 않게 된다. 그렇게 시간이 흐르면 내 의식과 말과 행동에는 긍

정만이 남는다. 그리고 경제적으로도 정신적으로도 풍요로워지게
될 수 있다.

어찌 인생의 운이 좋기만 하겠는가. 그저 큰물을 담고 있는 호수
처럼 평정심을 가지고 긍정만을 나에게 꽉 채울 수만 있다면 이제
해야 할 일은 자신이 되고 싶은 미래의 모습을 꿈꾸는 것이다. 이제
는 꿈꾸는 대로 될 일만 남았다. 그렇게 변하고 성취한 성공의 경험
은 또 다른 성공을 맞이하게 해줄 것이다.

넉넉한 행동,
여유로운 마음

좌회전 신호에 따라 좌회전을 하려던 차의 앞쪽으로 직진하려는 차가 달려왔다. 신호가 바뀌는 찰라 달려오다가 급하게 브레이크를 밟고 좌회전 하려던 차 앞을 막아섰다. 다행히 서로 빠른 속도가 아니었다. 좌회전 하려는 차는 화가 났는지 빵빵 경적을 울렸다. 위험을 알리는 정도로 살짝 누르는 것이 아니라 직진하려던 차가 피해서 이동하자 그 뒤를 차선도 무시하고 마치 경찰이 도둑놈 쫓아가듯 따라갔다.

신호를 어기고 위험천만한 상황을 만든 상대 차에 분이 안 풀렸는지 30초 정도는 넘게 길게 경적을 울리며 차를 운전하며 따라갔다. 놀라고 경황이 없던 나머지 직진하려던 차는 삼거리 모서리 가드레일에 차를 박고 마는 상황까지 가고 말았다. 그리고 차 안에서는 20대 초반으로 보이는 아들이 운전석에서, 어머니로 보이는 여성이 조용히 조수석에서 내렸다. 좌회전 하려던 차는 그래도 분이 안 풀렸는지 있는 힘껏 경적을 한 번 더 울리더니 창문을 열어 삿대질까지 하며 유유히 그 자리를 떠났다.

조금 아찔한 상황이기는 했지만 그래도 사고가 나지 않은 것을 감사하게 생각하고 지나칠 수 있는 일인데, 아직 운전경험도 미숙해 보이는 20대 초반의 청년이 어머니를 옆에 태우고 사고까지 나게 하는 상황을 만들었다. 결과만 보면 어른이 아이에게 할 수 있는 행동이 아니다. 아이가 운전자인 것을 확인한 후에도 굳이 창문을 열어 삿대질까지 하는 운전자의 모습은 고약해 보이기까지 했다. 어른으로서, 그리고 당시 기분과 경제적 여건을 떠나서 조금 넉넉한 마음을 갖고 상황에 대처했다면 아름답게 끝났을 것이다.

마치 부자인 것처럼 행동하고 말하고 태도를 취하면 부자가 된다. 마치 회장처럼 생각하고 결정하고 판단하면 그것이 쌓여 회장이 될 수 있다. 지금 자신의 상황에 비추어 착각일 수도 있지만 경거망동하지 않고 오만하지만 않다면 착각이어도 좋다. 부정적인 말과 생각에 무의식이 지배당하지만 않게 하면 말이다.

돈도 마음도 넉넉한 사람들은 여유가 있다. 여유가 있을 뿐 아니라 잘난 척하지 않고 타인에게 친절하다. 운전을 할 때 난폭하게 하지도 않고 다른 차가 앞으로 끼어들어도 멈춰서 기꺼이 들어오게 해준다. 주차장이나 신호등에서도 사람들이 지나갈 수 있게 천천히 운전하며 멈춰주고 기꺼이 자신의 시간을 내어준다. 도산대로를 지나는 P님의 운전하는 모습을 보고 놀란 적이 있다. 앞차에 바짝 붙어 빨리 가기를 재촉하는 주변의 차와는 달리 적당한 거리를 두고 천천히 달리며 무리하지 않았다. 성능을 과시하는 가벼움이나 경솔함도 없이 차분하게 목적지를 향했다. 일에 있어서는 끊임없이 분석하며 생산성을 고민하는 P님을 봤었기에 운전하는 그 의외의 모습에서 앞으로 더 큰 성장을 할 수 있는 저력을 가진 한 사람이 보였다.

부자들처럼 큰돈을 쓰기는 어렵겠지만 부자들의 넉넉한 마음을 따라 해도 달라지기 시작한다. 여유 있는 마음으로 조급해하지 말고 겸손하고 친절한 태도를 취해가는 것은 돈이 없어도 할 수 있다. 오히려 그렇게 하다 보면 마음의 여유도 생기고 조금씩 변할 수 있게 된다.

성공한 사람들의 행동을 그대로 따라 하면 배울 수 있다. 가만히 그들의 언어나 태도, 말투와 행동을 살펴보면 공통적으로 발견되는 것들이 있다. 조급하지 않고 욱해서 성질을 내지 않으며 느긋함이 있다. 그리고 타인을 배려한다.

자신보다 높은 지위에 있지 않은 모든 사람들에 대해 예의를 갖추고 응당 해야 하는 도리는 반드시 지킨다. '그렇게 하면 너무 아

름답기도 하고 좋겠지만 보통은 그렇게 잘 하지 않잖아'라고 흔히
들 말하는 것을 지키고 해낸다.

　나이가 어리거나 후배, 또는 자신보다 처지가 좋지 못하다고 해
서 무시하지 않는다. 오히려 더 챙긴다. 그러면 사람의 마음을 얻을
수도 있게 된다.

　한눈에 봐도 얼굴에 격(格)이 느껴지는 L회장님은 한번 인연이
닿은 사람에게는 나이와 사회적 위치를 떠나서 기꺼이 먼저 다가
가 말을 붙이고 악수를 청한다. 맺어진 인연에 최선을 다하며 종종
어려움에 처한 사람을 합리적인 선에서 돕고 응원한다. 점잖은 얼
굴로 늘 부드러운 미소를 짓고 있는 J님 역시 항상 주변을 살피고
돌보는 진정성이 보인다. 선배와 후배를 가리지 않고 그렇게까지
자연스럽게 끊임없이 말을 걸고 소통하는 모습을 보면 지금만 보
이는 태도가 아닌 분명 그분의 인격과 품성인 것이다. 이렇게 만들
어진 주변 사람들의 감동과 감사의 마음은 눈에 보이지는 않아도
좋은 에너지와 평판을 만들어간다.

　항상 대우받고 대접받는 것이 익숙한 사람들은 남들이 잘해주는
것에 익숙할 뿐, 그다지 감동이 없다. 하지만 어리거나 사정이 좋지
않은 사람들은 작은 일에 더 깊게 감동하기도 하는 것이다. 그리고
그 감동은 반드시 서로 나누어야 하는 감정이기도 하다.

자주적으로 선택,
결정하는 주인의식

때로는 세상이 나를 중심으로 움직이고 있다고 생각해보는 것도 좋다. 세금도 떼이는 것이 아니라 스스로 의지를 가지고 낸다고 생각한다. 세금이라는 돈을 냄으로 해서 출근길에 도로를 이용할 수 있고 주말에는 아내와 아이들을 데리고 교외로 나가 자연을 즐길 수도 있다. 저녁에도 안전하게 한강 고수부지에 나가 산책을 하거나 운동을 할 수도 있다. 다리가 있어서 마음만 먹으면 걸어서라도 강북과 강남을 오갈 수 있다. 애써 수영을 할 필요도 없고 배를 타고 요금을 내지 않아도 된다. 도심에 살더라도 곳곳에 나무들이 심어져 있어서 정화된 공기를 마시고 전철역이나 기차역 화장실은 개방되어 있어 언제든 이용할 수 있다.

생각해보면 세금을 내고 누리고 있는 것이 많기도 하다. 돈을 나라에 주고 일을 시키고 있다고 생각해도 좋고 1년 멤버십에 들고 있는 비용이라고 생각해도 좋다.

아무튼 나는 자주적으로 선택하고 결정해서 주인처럼 산다는 의식을 가질 수 있다면 말이다.

주인으로 산다는 것은 손해를 보고 있다거나 피해의식 없이 산다는 뜻이기도 하다. 무엇보다 그런 부정적인 사고에 휩싸여 불필요한 에너지를 낭비하지 않는다는 것이 제일 중요하다.

자신을 둘러싼 부정적인 에너지를 없애고 최대한 긍정의 기운을 만들어야 한다. 긍정이라고 무조건 파이팅하고 격려와 응원의 구호를 외치고 힘을 내고 큰 소리를 내고 환호를 지르라는 것이 아니다. 슬프면 울고 아프면 아파하고 억울하면 큰 소리를 칠 수도 있다. 하지만 적어도 자신을 남들과 비교하면서 나무라거나 스스로 비난하지 않는 마음이 필요하다. 자신을 있는 그대로 바라보며 인정해주는 마음 말이다. 그래야만 달라질 수도 있고 행복해질 수도 있다.

행복하다는 착각에서
벗어나야 한다

강연을 할 때 그 시작은 '행복하신가요?'라고 묻는 경우가 종종 있다. 이런 질문을 하는 이유는 같은 내용의 강연이라고 하더라도 청중에 따라 강연의 호흡과 흐름은 영 다르게 흘러가게 되니 미리 청중의 호응을 체크한다는 면도 있다. 하지만 그보다는 살아가고 있는 사람들 모두는 그 기준은 다르지만, 행복을 지향하면서 살기에 결국 인생에서 궁극적으로 지향하는 '행복'이라는 말에 모든 사람들이 관심이 많기 때문이다.

'행복하신가요?'라는 물음에는 보통 '네'라고 큰 소리로 대답들을 하신다. '아니요'라고 크게 말씀하시는 분들은 거의 본 적이 없다. 행복하다는 것은 표현할 수 있는 것이고 행복하지 않다는 것은 많은 사람들 앞에서 표현하기에도 부끄럽게 느껴졌기 때문일 수도 있다. 사람들은 자신이 믿고 있는 '행복하다'라는 감정이 자신의 머릿속에서 여러 가지 상황을 고려해봤을 때 그렇다고 생각하지만 실제로는 행복하지 않은 경우가 대부분이다.

착각을 한다. 우리는 사회에서 '행복하다'라고 규정한 생각을 자신도 모르게 받아들이고 있고 이 행복이 정말 자신에게도 행복한 기준인가라는 질문을 할 여유도 없고 이유도 느끼질 못한다.

기존에 행복이라고 인정되고 있는 부분들을 무비판적으로 받아들이고 있는 것이다.

돈이 많아 경제적으로 풍요롭기만 하면 행복할 거라는 착각, 여러 사람들을 만나 교류를 많이 해야 소통이 잘 되는 것이고 행복한 인간관계라는 오해, 일에서 성공해 큰 성취를 하면 자존감이 높아지고 행복해질 것이라는 망상, 사랑하는 인연을 만나기만 하면 큰 행복만이 있을 것이라는 잘못된 확신 같은 것들이 그런 것이다. 마치 고등학생이 대학에 들어가기만 하면 모든 게 술술 풀릴 것 같다고 멋대로 생각하는 것과 비슷하다.

원하는 것을 목표로 하고 성취하는 것을 나쁘다고 할 수는 없고 이루는 과정은 아름답기도 하지만 원하는 대로 다 가진다고 해도 행복의 감정은 느끼지 못할 수도 있다. 한 가정이 단란하게 유지되기 위해서는 경제적으로 너무 힘든 상황이어도 어렵지만, 돈이 너무 많아도 딴 생각들이 생기게 되어 부부금슬을 유지하기가 어렵다. 많은 사람을 만난다는 것은 에너지가 흩어져 소진되기 쉬우므로 도리어 진이 빠지고 의욕이 상실되기 쉽다. 친구들, 지인들과 술자리와 골프, 해외여행에 빠져 정작 진심으로 사랑을 쏟아야 할 가족들은 소외된다. 일에서 제아무리 성공을 한다고 하더라도 그 성공의 과정에 가족이나 동료, 선후배 같은 다른 사람들의 상처나 아픔이 따른다면 그 부정적인 찌꺼기의 에너지는 자신이나 후대에게로 다시 돌아올 적악(積惡)이다. 사랑하는 인연을 만난다고 해도 일생의 행복을 보장할 수는 없다. 이 모든 소망적인 행복도 그 근본은 삶이기 때문이다.

사람들이 생각하는 행복이라는 것은 상대적이기도 하다. 100억을 가졌던 부자가 사업이 망해 모두 다 정리하고 강남의 집 한 채와 오피스텔만 남겨두어 30억 정도의 자산으로 줄게 되면 그 박탈감에 공황장애에 걸리지만 가족이 모여 사는 작은 아파트에 직장을 다니며 소소한 행복을 느끼면서 사는 사람들도 있다.

행복하다는 기준을 자신만의 기준으로 섬세하게 가늠해야 한다. '돈이 많을수록 행복하다', '남들처럼 결혼해서 가족을 꾸리며 사는 것이 진짜 행복이다', '결혼하면 아이는 반드시 낳아야 참 행복을 느낄 수 있다', '끈끈한 우정이 있는 친구에게는 기꺼이 돈을 꿔줘야 한다', '친구가 많아야 행복하다', '인맥이 힘이고 진정한 가치이며 행복할 수 있는 길이다'와 같은 생각들이 자신이 진짜 원하고 행복해지는 길인지 한번쯤 생각하고 받아들여야 한다.

무비판적으로 마구 받아들이며 살다가는 행복은커녕 분노와 후회만 가득한 인생을 살거나 심지어 자신의 불행이 도대체 어디에서부터 시작되었는지를 끊임없이 되뇌어봐야 하는 고통을 경험할 수도 있다. 기대수명이 100세라고 하지만 100세까지 산다고 보장받을 수 없는 세상이다. '그렇게 하는 것이 정말 나를 행복하게 해줄 수 있을까?'라는 질문을 던져봐야 한다. 내가 진정으로 원하는 행복의 가치는 무엇이고 어떻게 살아야 혹여 돌발 상황에서 내 삶이 멈추게 된다고 해도 후회하지 않고 편히 눈을 감을 수 있을지 말이다.

내 마음이 변해야
세상이 달라진다

자연스럽게 현재에 녹아 있으면서 살기란 참 쉬운 일이 아니다. 피곤하면 쉬고 목이 마르면 물을 마시고 더우면 더운 대로 추우면 추운 대로 현재를 받아들이고 그 환경 안에 녹아서 사는 평범한 일이 더 어려운 세상이 되었다. 봄이 지나면 여름이 오고 가을 없는 겨울이 없듯이 규칙적으로 반복되는 순리에 맞게 산다는 것은 받아들일 수밖에 없는 큰 틀의 환경은 인정하고 그 안에서 내가 할 수 있는 일을 선택하고 집중하여 쓸모없는 에너지를 쓰지 않는다는 말이기도 하다. 또 음과 양이라는 밤과 낮, 오행이 상생하는 흐름인 계절에 거스르지 않고 살아가는 것이 몸과 마음이 건강한 삶이라는 의미이기도 하다. 나무와 꽃이 싹 트고 성장하는 봄을 지나 뜨거운 태양 아래 활짝 피는 여름, 비로소 열매를 맺고 결실을 이루는 가을을 지나 휴식하고 에너지를 다시 응집하는 겨울이라는 자연의 섭리는 인생의 자연스러운 순리이기도 하다.

요즘은 복잡하고 요구되는 것이 더 많아지는 세상이라 단순하게 살기가 어렵다. 특히 마음이 단순해지기가 어렵다.

무엇보다도 후회와 불안, 욕심과 좌절, 분노와 원망 같은 부정적인 감정에 빠져 있기 쉽다. 그 부정적인 감정에 매몰되어 자연스럽게 살아가는 섭리는 잊게 되었다.

기껏해야 100년을 사는 인생에서 탐욕과 그것을 채우기 위한 술수와 위선이 난무하고 자신에게 득이 될 수 있다면 타인의 감정과 인생은 어떻게 되든 상관이 없다는 의식이 팽배하고 있다. 누군가 잘 해도 인정을 하지 않는다. 인정을 하기보다는 다른 무언가로 트집거리를 찾으려는 데에 여념이 없다. 누군가를 인정하지 않는 세상 속에 언제부터인가 우리나라에는 인물이라고 할 수 있는 사람이 어떤 분야에서건 좀처럼 보이지 않게 되었다. 일단 누구든 깔보고 인정하지 않고 나쁘게 이야기를 하면서 자기 우월감을 가지려는 마음은 추하고 흉하다. 망조라고 할 수 있다.

인간적으로 사랑하는 기본적인 마음만 가지면 겸손하게 타인을 존중할 수 있다. 적어도 얕잡아 보고 깔보며 무시하는 천박한 행동에서 벗어날 수 있다. 상대를 깔보고 얕잡아 본다고 해서 당신이 우월해지는 것이 아니다.

타인의 삶과 그 이면을 보고 안타까움이 들고 위로해주고 힘이 되려고 하는 측은지심은 이제는 온데간데없다. 결혼을 하려고 할 때도 상대방의 돈이나 조건만이 보이고 직장에 들어가서도 회사에 기여할 인물보다는 자기 밑에서 속된 말로 '꼬붕' 역할만을 제대로 할 사람에게 문을 연다. 살다 보면 어떤 일이 늦어지면 늦어진 대로 그 안에 섭리가 있을 것이라는 생각, 누군가가 납득이 되지 않은 행동을 보일 때 나름대로 이유가 있을 것이라고 이해하는 여유는 사라졌다.

이 모두가 일체유심조(一切唯心造), 마음의 문제다. 문제의 본질은 나를 제외한 타인과 세상이 아니라 자신이 어떤 대응과 모습을 보이느냐의 문제이다. 그 대응의 근본은 마음이고 마음이 변할 수 있다면 세상이 달라진다.

지금 내 마음에 따라 너무 가슴 아픈 일도 받아들이고 잘 지나갈 수도 있고 다른 누군가에게 분노로 표출될 수도 있다.

내 마음이 평안하고 평정심을 유지하고 있다면 도로를 달리며 끼어드는 차에 양보하는 것은 바쁘게 조금 빨리 가려는 알지 못하는 누군가에 대한 기쁜 양보가 될 수 있지만, 마음이 편치 않고 부정적인 감정에 휩싸여 있다면 자신을 무시하는 것 같아서, 내 차를 무시하는 것 같아서 화가 나고 분노가 치민다. 급하게 끼어들어 사고가 날 뻔한 앞 차에 대해서 취하는 태도도 마찬가지이다. 급하게 브레이크를 밟아 놀라긴 했지만 사고가 나지 않아 안심이 되고 감사한 일이라는 마음이 들 수도 있고 욕을 하며 사고가 날 뻔했던 상황을 만든 차를 쫓아가 차안에 있는 뭐라도 던져서 맞춰야 속이 후련해질 수도 있다. 같은 상황이어도 그때 자신의 마음을 살펴보면 이유가 보인다.

인생에서 가는 길이 포장도로인지 비포장도로인지를 나타내는 대운과 도로가 정체되어 있는지 뚫려 있는지 또는 잔사고가 있는지와 같은 상황을 말하는 세운에서도 마찬가지이다. 모두가 마음의 문제다. 남을 탓하거나 세상을 탓하지 말고 남을 시기하거나 질투하는 것도 모두 부질없는 일이다. 내 그릇에 맞게 살면서 소명을 다해 살아가면 될 뿐이다. 너무 마음 쓰며 살지 말일이다. 마음을 쓰지 않고 쓰이지 않아야 어떤 것들에 끌려가지 않는 자연스러운 의식이 흘러갈 수 있다. 그러면 과거나 미래가 아닌 오직 현재의 시간에 녹아 살아갈 수 있다. 그리고 매순간 순간에 감사함을 느끼며 몰입하면서 행복도 느낄 수 있다.

내가 변해야 비로소 운명이 바뀐다 - PEOPLE

TIME

SPACE

PEOPLE

변화하고 움직이는 운, 그 '운'을 바꾼다

- 지금 자신이 하고 있는 생각, 말과 목소리, 행동과 습관, 표정과 태도, 걸음걸이 같은 이런 작은 것들 하나하나부터 고치고 바꾸어야 운도 바꿀 수 있다.
- 자신의 타고난 태생적인 기질과 성향을 잘 파악하여 자신이 인생에서 진정으로 원하는 것이 무엇인지를 아는 것만큼 중요한 것은 없다.
- 자신이 현재 서 있는 자리를 받아들이지 못하고 타인의 자리를 기준 삼아 그 잣대로 자기 자리를 가늠하는 것만큼 불행한 것은 없다.
- 명리학에서 말하는 운이 좋다는 것은 기운이 치우침이 없이 중화되어 있는 상태를 말한다.
- 내 마음은 운이 좋은 상태인지 혹은 운이 나쁠 때의 마음의 상태인지, 하루에 한 번 혹은 일주일에 한 번 질문해보는 것이 좋다.
- 운이 나쁘다고 느껴질 때 유일하게 도모할 수 있는 일이라면 독서다. 인생을 소중하게 여기도록 해주는 힘이 있다.

- 책을 읽어가면서 하는 공부는 알고 깨달아가는 즐거움이 있다.
- 생각만이라는 것은 아무런 의미가 없다. 생각은 행동해야 열매가 된다.
- 운이 좋은 사람이라는 강력한 믿음은 인생을 변화시킨다.
- 성공한 사람들의 행동을 그대로 따라 하면 배울 수 있다. '그렇게 하면 너무 아름답기도 하고 좋겠지만 보통은 그렇게 잘 하지 않잖아'라고 흔히들 말하는 것을 그들은 지키고 해낸다.
- 자신을 남들과 비교하면서 나무라거나 스스로 비난하지 않는 마음이 필요하다. 자신을 있는 그대로 바라보며 인정해주는 마음이 중요하다.
- 우리는 기존에 행복이라고 인정되고 있는 부분들을 무비판적으로 받아들이고 있다.
- 모두가 마음의 문제다. 남을 탓하거나 세상을 탓하지 말고 남을 시기하거나 질투하는 것도 모두 부질없는 일이다.

TIME

SPACE

PEOPLE

9
Day

자신에 대한 통찰,
'나'를 안다

PEOPLE

운이 나쁠 때를
두려워하지 않는다

누구나 잘 풀리지 않을 때가 있다. 앞으로 어떻게 살아가야 할까 막막하고 미래에 대한 소박한 꿈을 꾸기에도 답이 보이지 않는 상황을 맞게 된다는 것은 겪어본 사람은 알겠지만 괴롭기 그지없다. 딱히 규칙적인 일이 없거나 혼자 살고 있어서 의지할 데도 없다고 느껴지는 외로움도 그렇고 가족이 병을 앓고 있거나 불확실한 결혼에 대한 것도 이유가 될 수 있다. 어떻게 해야 좋을지 답이 나오지 않아 괴롭기만 한 상황을 버티기 위해 일에 몰두하며 잊으려고 해봐도, 오로지 시간만이 지나가기를 기다리며 견뎌내도 그 절망감에서 벗어나기가 어렵다. 하지만 이 시간들은 유일하게 혼자 있을 수 있는 가치 있는 시간들이다. 일과 사람에 치이고 바쁘게 살아갈 때는 차분히 자신과 마주 대할 수 없다. 혼자 있는 시간 속에서 나를 돌아보고 진정한 나를 찾아봐야 한다. 남다른 일을 하면서 주목받고 있는 사람들을 만나보면 대부분이 혼자 자신을 알아가는 고독한 시간을 보냈던 과거가 있었음을 알 수 있다.

다른 사람의 눈치를 보거나 신경을 쓰지 않는 '나'라는 사람을 일기 위해 고민하고 생각하다 보면 자신만의 사유와 가치관도 생길 수 있다. 가장 잘 아는 것 같지만 그렇게 친하지도 않고 외면하고 있는 '나'라는 사람에 대해 알아야 한다.

고독은 타인에게 외면당하고 소외된 삶을 사는 것을 말하는 것만은 아니다. 오히려 어려운 과정에서 내가 선택한 홀로서기의 과정이다.

'나 혼자여도 괜찮다'는 자신감을 가지고 혼자서도 안정이 될 수 있는 '당당함'을 배우는 시기이다. 진정한 '나'를 알아가는 내공을 쌓아가는 시기인 셈이다. 그러기에 자신과 올바로 마주 대하는 시간을 가져야 한다. 그런 시간을 꾸준하게 갖다 보면 자신 없는 자신을 스스로 낮추는 비굴함이 아니라 안에서부터 자신감이 차올라 자신만만한 자신을 내세우지 않는 겸허와 겸손의 단계로 올라설 수 있다. 자신의 삶과 인생에 오만하거나 건방지지 않고 안에서부터 차오르는 자신감으로 만들어진 겸허와 겸손은 생각만 해도 멋지지 않은가.

영화 속 주인공처럼 살아라

인생의 주인공은 명백하게 자기 자신이다. 드라마나 영화가 항상 그렇듯 주인공은 오만가지의 우여곡절을 겪는다. 아무 일 없이 평범하기 그지없고 밋밋한 인생을 사는 사람이 주인공인 경우를 본 적이 없다. 슬프고 가련하고 파란만장해야 주인공이라는 타이틀을 가질 수 있다.

아무 걱정이 없는 인생은 결코 행복할 수도 없다. 생각과 고민이 없으니 옳고 그른 것과 아름답고 추한 것을 알 수 있는 능력인 사유가 생길 수 없고, 그러니 자신만의 가치관이나 지성에는 근접도 하지 못하는 삶을 살게 될 테니 말이다. 번뇌가 없다는 것은 불행의 시작이거나 앞으로 더 큰 고통이 올 징조일 뿐이다.

온갖 고통에도 주인공은 남 탓을 하지 않는다. 세상을 원망하며 탓하고 위로받지도 않는다. 그렇게 역경도 헤쳐나가고 버티고 일어난다.

　남 탓과 세상 탓을 한다는 것은 무대에서 주인공이 소외된다는 것이다. 자신의 삶에서 자신을 빼고 돌아간다면 그긴 조연으로 사는 삶이다. 인생의 주인공은 마땅히 자기 자신이 되어야 하지 않는가.

　많은 일들의 대부분은 보통 자신의 내부에서 원인이나 단서가 되어 일어난다. 그것이 길한 일이건 흉한 일이건 말이다. 동양의 성인 가운데 가장 합리적인 사고에 충실했던 공자(孔子)도 대표적인 점서(占書)인 『주역』을 가죽끈이 세 번이나 끊어지도록 즐겨 읽었다. 운명의 이치를 따지는 학문인 사주명리학(四柱命理學)을 이해하고 사주팔자를 본다는 것은 자기 자신을 보다 객관적으로 파악하는 것을 의미한다. 물론 당신은 '어떤 기질이 있는 이런 사람'이라고 들어서 알 수도 있겠지만 스스로 들여다보면서 확인하며 자신을 알아가는 것에 비할 수 없다.
　인생이라는 삶을 주체적으로 살기 위해서는 자신을 바꾸는 것이 설령 불가능하더라도 적어도 바꾸기 위한 노력을 외면하지 않아야 한다. 그 변화를 위해 자신에 대해 객관적으로 통찰할 수 있다는 것만큼 중요한 시작은 없다.

나를 알아가는 첫 단계,
음양오행

사주팔자(四柱八字)는 4개의 기둥과 8개의 글자를 말한다. 한 사람의 태어난 연, 월, 일, 그리고 시간이라는 4개의 기둥에 그 기둥 한 개마다 2개의 글자가 있으니 합이 8개의 글자가 되어 팔자(八字)가 된다. 이 팔자라는 운은 한 사람이 달과 해라는 음양과 수성, 화성, 목성, 금성, 토성이라는 오행이 태어날 때 어디에 위치하고 있었는지에 영향을 받는다. 즉, 태어날 때 별의 영향을 받아 우주의 에너지를 받아들이게 되는 것이다. 별의 영향에 의해 사람의 운명이 결정된다고 보는 서양의 점성술과 같은 체계라고 볼 수 있다. 그러니까 태어날 때의 오행의 기운은 바뀔 수 없는 명(命)이 되고 일생을 살아가면서 10년, 5년, 1년, 월, 일의 음양오행과 만나면서 운(運)이 변하게 된다.

음양(陰陽)과 오행(五行)이라는 것이 있다. 음과 양은 마이너스 기운과 플러스 기운을 말한다. 오행은 목(木), 화(火), 토(土), 금(金), 수(水)라고 하는 것으로 나무, 불, 흙, 쇠 또는 바위, 물을 의미한다.

이 오행이 음과 양을 만나서 양나무, 음나무, 양불, 음불, 양흙, 음흙, 양바위, 음바위, 양물, 음물로 10개의 기운이 되는데, 음은 작고 부드러운 것을 뜻하고 양은 크고 단단한 것을 의미하니 이 10개의 기운을 이렇게 이해하면 쉽다. 양나무는 큰나무, 음나무는 작은나무, 양불은 큰불, 음불은 작은불, 양흙은 넓은땅, 음흙은 촉촉한땅, 양바위는 단단한바위, 음바위는 날카로운금속 또는 보석, 양물은 큰물, 음물은 옹달샘으로 일단 생각하면 된다.

태어난 날짜에 의한 타고난 기운 10가지									
큰나무	작은 나무	큰불	작은불	넓은땅	촉촉한땅	단단한 바위	날카로운 금속	큰물	옹달샘
甲(갑)	乙(을)	丙(병)	丁(정)	戊(무)	己(기)	庚(경)	辛(신)	壬(임)	癸(계)

그리고 이 10개의 기운이 연월일시 4개의 기둥 속 위 글자와 아래 글자의 자리에 합이 8개가 되어 들어가서 자리를 잡으면 된다. 이 기운은 사람이 태어난 생년월일시에 따라 모두 다르게 된다.

시 기둥	일 기둥	월 기둥	연 기둥
시 위 글자	일 위 글자 (일간)	월 위 글자	연 위 글자
시 아래 글자	일 아래 글자	월 아래 글자	연 아래 글자

내가 변해야 비로소 운명이 바뀐다 - PEOPLE

① 큰나무-양(陽)+목(木)

　성격이 대담하고 꿈, 이상과 포부가 큰 편이다. 하늘 높은 줄 모르고 위로 자라기만 하려고 한다. 여러 해 동안 자라서 키가 클 만큼 커 있는데도 더 자라고자 하는 욕구가 강하다. 이지적이며 사려가 깊고 활동적이며 견실하게 노력하는 스타일이다. 겉으로는 쾌활하나 자존심이 강하고, 시종일관 무뚝뚝하고 우직하다.

② 작은나무-음(陰)+목(木)

　변화에 민감하여 바람이 불면 누웠다가 지나가면 다시 일어서는 풀과 같이 부드럽고 유연하다. 꾸준하게 노력하는 타입으로 인내심이 있지만 스트레스도 많은 편이다. 결단력이 약하고 감정의 기복이 있는 편이다.

③ 큰불-양(陽)+화(火)

　양(陽, +, 플러스 기운)의 기운 중에 가장 강하다. 통솔력과 지도력을 겸비하고 있고 말재주를 비롯한 재주가 많다. 불같은 성격 때문에 감정에 휘둘려 때로는 실수를 하기 쉽지만 임기응변에도 능하다. 솔직하고 단순하여 비밀을 간직하기가 쉽지 않다. 감정이 분명해서 한번 싫은 것은 좋아지기가 어렵다.

④ 작은불-음(陰)+화(火)

촛불이나 전기불과 같은 작은 불꽃이지만 속으로는 강하고 예민한 감정을 소유하고 있다. 감성적이며, 결단력과 실행력이 부족하며 의존심이 강하다. 서두르지 않는 편이고 합리적이지만, 필요 이상으로 걱정하고 염려하느라 기회를 놓치는 경우가 종종 있다. 어자의 경우는 다소 수다스럽고 다소 질투심이 있다.

⑤ 넓은땅-양(陽)+토(土)

땅의 근본 성질이라고 할 수 있는 신뢰와 신용을 중요시한다. 땅이라는 것은 다른 기운을 포용하는 성향이다. 드넓은 땅이므로 대륙적인 기질로 아량과 동화력이 있다. 침착하고 꾸준하게 노력하는 스타일이나 고집이 세고 다소 게으른 것이 단점이다. 비밀이 많아 마음을 잘 드러내지 않고 항상 언행에 신경을 쓴다. 반드시 성공하려고 하는 집념이 있다.

⑥ 촉촉한땅-음(陰)+토(土)

땅의 수용하는 성향이 강해져서 내면에 대한 관심을 가지고 있고 다소 보수적이다. 본심을 잘 표현하지 않고 자기 이야기도 잘 하지 않는 편이다. 속내를 털어놓는 사이가 되는 데에 시간이 많이 걸린다. 복잡한 세상을 싫어하고 사람을 잘 믿으며 순진하다. 믿음과 신용을 중요하게 생각하여 목적을 위해서 수단과 방법을 가리지 않는 온갖 모략이나 술책이 판치는 세상에서 속거나 상처받기 쉽다. 질투심은 있는 편이다.

⑦ 단단한바위-양(陽)+금(金)

표정이 굳고 다소 딱딱하고 강인한 인상을 하고 있다. 선과 악의 구별을 분명하게 하려고 하니 좋거나 싫은 것에 대한 태도가 분명하다. 무던하게 인간관계를 잘 유지하기도 하지만, 주변에서 크게 도움을 받을 수 있는 인맥을 만드는 데에는 관심이 적어서 남들이 험담을 해서 억울하게 불리한 지경에 빠지기도 한다. 남의 어려움을 돕거나 억울함을 풀어주기 위하여 자신을 희생하려는 의로운 마음이 있고 리더십이 있다. 강자에 대항할 줄 알고 약자를 도와주려는 인간미와 의리가 있다. 이렇게 의리에 살고 정의롭지만, 정에는 너무 약하다. 아첨할 줄 모르고 때론 너무 냉정하고 강직하여 손해 보는 수가 많다.

⑧ 날카로운금속 또는 보석-음(陰)+금(金)

면도칼처럼 날카로운 내면을 가지고 있어서 다소 성깔이 있는 편이다. 상처를 잘 받지 않지만 한번 받은 상처는 잘 지워지지가 않아서 오래가는 편이다. 인간관계가 한번 틀어지면 회복하기가 어려워 항상 관심을 갖고 세심하게 살펴보는 것이 좋다. 감성이 풍부하여 정에 좌우되기 쉬운 천성을 지니고 있다. 성격이 예민하고 판단이 예리하며 직감이 발달했다. 남녀 모두 멋을 안다.

⑨ 큰물-양(陽)+수(水)

큰 강물이나 바다를 뜻한다. 지혜롭고 현명하다. 어떤 일이 일어나기 전에 미리 앞을 내다보는 통찰력이 남달리 뛰어나다. 한군데 머무르지 못하고 이런저런 변화를 즐긴다. 다양한 분야에서 두각을 나타내며 팔방미인으로 여러 방면에 능통하다. 두뇌 회전이 빠르나 약간 고집이 있고 음흉하다.

⑩ 옹달샘-음(陰)+수(水)

음(陰, -, 마이너스 기운)의 기운 중에 가장 음적이다. 사물의 이치를 빨리 깨닫고 사물을 정확하게 처리하는 정신적 능력이 뛰어나다. 성격이 치밀하고 잔정이 있다. 무모한 도전이나 위험한 일은 하지 않고 안정을 추구한다. 희생정신과 서비스 마인드가 뛰어나 남의 부탁을 잘 거절하지 못한다. 만일 거절해도 계속 생각하고 고민을 하며 속이 불편해서 마음이 편치 않다.

나를 둘러싼 7명이
내 인생을 좌우한다

각 기둥마다 2개의 글자가 있다고 했는데 기둥에는 위 글자와 아래 글자가 있다고 생각하면 알기 쉬울 것이다. 기둥이 4개이므로 합이 8개의 글자 중 '날짜에 해당하는 기둥의 위 글자'는 자기 자신을 뜻하게 되어 중요하다. 이 '날짜에 해당하는 기둥의 위 글자'를 중심으로 나머지 7개의 글자와의 관계를 보고 타고난 성격이나 기질을 파악할 수 있기 때문이다.

[사주팔자 원국]

14:00	1	5	1986
시	일	월	태어난 해
시간 기둥	날짜 기둥	월 기둥	연 기둥
시간 위 글자	**날짜 위 글자 (자신)**	월 위 글자	연 위 글자
시간 아래 글자	날짜 아래 글자	월 아래 글자	연 아래 글자

'날짜에 해당하는 기둥의 위 글자'를 중심으로 한 나머지 7개의 글자와의 관계는 10가지로 나눌 수 있다. 이해하기 쉽도록 사람처럼 생각한다면 10종류의 사람으로 나누어볼 수 있다.

1) 나와 같은 동등한 사람인데 남자와 여자로 나누어 2명
2) 나를 도와주는 사람인데 남자와 여자로 나누어 2명
3) 내가 도와주는 사람인데 남자와 여자로 나누어 2명
4) 내가 관리하고 통제하는 사람인데 남자와 여자로 나누어 2명
5) 나를 관리하고 통제하는 사람으로 남자와 여자로 나누어 2명

사주팔자의 8개 중 나를 제외하니 이 10종류로 나눌 수 있는 사람들이 누구에게나 7명이 있는데 어떤 사람은 나와 같은 사람들이 많은 사람도 있을 테고 나를 도와주는 사람과 내가 도와주는 사람들 위주로 구성된 사람들도 있을 것이다. 이렇게 내 주위에 있는 나를 둘러싼 사람들을 보면 내가 어떤 인생을 살 수 있을지 어느 정도 예측해볼 수 있다.

10가지 성향으로
사람을 이해하고 용서한다

이러한 사주팔자를 기질적으로 이야기해봐도 10가지로 나누어볼 수 있다. 이것이 사주에서 말하는 성향이 되는데, 나는 어떤 기질을 가지고 있는지 간단하게 파악해볼 수 있다. 자신의 타고난 성격과 자질을 알게 되면 타인을 볼 때도 이런 성향이 있고 또는 없음을 판단하면서 이해하는 폭도 넓어질 수 있다. 이렇게 이해하기 시작하면 인간관계에서 오는 괜한 스트레스와 피곤함도 조금 줄어들수 있을 것이다. 이해가 되니 용서도 되기 때문이다.

사주팔자에서 '팔자(八字)'란 여덟 개의 글자를 말하고 그 중에서 자기 자신을 뜻하는 글자가 한 글자 있으니 남은 글자는 '칠자(七字)', 일곱 개의 글자이다. 그러니 성향 10가지를 모두 가진 사람은 없는 것이다. 한 두 개의 성향이 강하게 드러나거나 그보다 여러 가지 성향이 들어와 있으면 조금 복잡한 성격으로 드러난다.

사주학적 성향을 나열해보면 자존심, 경쟁과 승부욕, 연구와 분석, 사교성과 표현력, 관리와 통제능력, 꼼꼼함, 희생과 참을성, 합리성과 명예욕, 의심, 직관력과 정(情)의 10개로 크게 나눠볼 수 있다. 이런 10개의 성향이 있거나 없거나 합쳐지고 또는 어떤 성향은 강하거나 약하거나 하여 한 사람의 성격이 정해지게 되고, 이 성격에 의해 인생에서 일어나는 사건에 대응을 하고 선택을 하게 된다. 선택의 문제에 있어서도 크게는 직업이나 작게는 무엇인가를 할까 말까 등 다양한 선택을 하면서 인생을 만들어가게 된다. 그리고 그 대응방식은 습관처럼 잘 변하지 않는다.

사주학적 성향 분석

사주학적 성향 10가지에 대한 심리구조의 내용을 나열해보면 다음과 같다. 한 성향에 있어 5개 이상 해당된다면 자신에게 있는 성향이라고 파악해볼 수 있다.

내용에 대해 하나씩 짚어가다 보면 자신에 대해 좀 더 알아가는 시간을 가질 수 있으며, 또 주변 사람들의 성향도 유추해볼 수 있다. 이를 통해 나와 주변 사람들에 대한 이해의 폭을 넓히는 데 도움이 될 수 있다.

(1-1) 자존심

심리구조	Yes	No
자기 자신에 대한 사랑이 깊다		
자존심이 강하다		
독립적이다		
자기 위주로 생각한다		
자아가 강하다		
자기 방식이 옳다고 믿는다		
자신에게 이익이 되는 일에 관심이 많다		
독선적이다		
고집이 세다		
주체적이다		
합계		

내가 변해야 비로소 운명이 바뀐다 – PEOPLE

(1-2) 경쟁과 승부욕

심리구조	Yes	No
지고는 못 산다		
집념이 강하다		
남의 시선에 의한 자기 만족감이 강하다		
고독하다		
새로운 도전의식이 강하다		
단지 지지 않기 위해 무모한 일을 하기도 한다		
승부욕이 강하다		
남의 시선에 의해 좌절감도 크다		
한번 자존심에 상처를 받으면 쉽게 회복이 안 된다		
자기만족이 강하다		
합계		

(2-1) 연구와 분석

심리구조	Yes	No
하나에 빠지면 끝장을 본다		
파고들고 분석하는 데는 자신이 있다		
일단 깊게 생각하고 행동한다		
하나에 빠지면 주변이 잘 보이지 않을 정도로 몰입한다		
조용히 자기 일을 완성한다		
사회성이나 융통성이 부족하다		
자기의 길을 묵묵하게 가는 면이 강하다		
원리원칙적이다		
일 중심적이고 정치적이지 못하다		
통찰력이 부족하다		
합계		

(2-2) 사교성과 표현력

심리구조	Yes	No
감정표현을 잘 한다		
자기의 의견표현을 잘 한다		
순간적인 임기응변이 강하다		
사교적이고 사람 만나는 것을 좋아한다		
승부사의 기질이 있다		
변덕스럽다		
깊게 생각하기 보다는 충동적이다		
실속이 약하다		
과시적인 면이 있다		
총명하다		
합계		

(3-1) 관리와 통제능력

심리구조	Yes	No
공간지각 능력이 뛰어나다		
손재주가 있다		
다양한 지식이 많다		
활동적이다		
부드러운 면이 있다		
경제관념은 있으나 큰돈에 대한 생각이 많아 작은 돈에 관심이 없다		
낭비한다		
일확천금을 꿈꾼다		
풍류를 즐긴다		
체면에는 관심이 없다		
합계		

내가 변해야 비로소 운명이 바뀐다 – PEOPLE

(3-2) 꼼꼼함

심리구조	Yes	No
계산이 빠르고 치밀하다		
맛집을 좋아한다		
돈에 대한 감각이 탁월하다		
알뜰하다		
안정감이 있다		
돈에 대한 욕심이 많고 작은 돈에도 관심이 많다		
자신의 몸이나 건강에 관심이 많다		
현실적인 면이 강하고 인색하다		
집착이 있다		
감정이 예민하고 확실한 것을 좋아한다		
합계		

(4-1) 희생과 참을성

심리구조	Yes	No
봉사와 희생정신이 있다		
잘 참는다		
엄격하게 자기 관리를 잘 하는 편이다		
솔선수범한다		
솔직하다		
이것저것 주변상황 때문에 참는 경우가 많다		
하도 참아서 내면적인 스트레스가 많다		
욱하거나 반항적, 투쟁적이다		
고집이 세고 성급하다		
예의 바르고 의협심이 있다		
합계		

내가 변해야 비로소 운명이 바뀐다 - PEOPLE

(4-2) 합리성과 명예욕

심리구조	Yes	No
합리적이다		
준법정신이 강하다		
명예욕구가 크다		
잘 순종하는 편이다		
정직하다		
온화하다		
대의명분을 위해 작은 것은 희생할 수 있다		
우유부단하다		
박력과 추진력이 부족하다		
합계		

(5-1) 의심

심리구조	Yes	No
이상적이다		
파격적이다		
창조적이다		
직관이 발달했다		
솔직하다		
신비한 것에 대한 관심이 많다		
의심이 많다		
사람관계에 폐쇄적이다		
체계적이지 못하다		
날카롭다		
합계		

내가 변해야 비로소 운명이 바뀐다 - PEOPLE

(5-2) 직관력과 정(情)

심리구조	Yes	No
순수하다		
남이 하는 말을 잘 믿는다		
양반이다 또는 선비기질이 있다		
정이 많다		
감수성이 풍부하다		
느낌이 발달했다		
로맨티스트 기질이 있다		
보수적이다		
생각과 걱정이 많다		
모험을 즐기지 않는다		
합계		

나를 바꾸기 위한
10가지 성향에 대한 성찰

위의 10가지 음양오행에 의한 사주적 성향 중 자신의 타고난 성향에 대해 어느 정도 알게 되었다면 이제 이 10가지 성향에 맞는 조언을 드리고자 하니 참고해보길 바란다. 자신의 내면을 이해하여 이제껏 살아오느라 수고한, 그래서 대견한 당신을 스스로 위로해 줄 수 있는 계기가 될 수도 있고 자기 위안을 통해서 보다 긍정적으로 살아갈 수 있는 힘이 될 수 있을 것이다.

누군가를 일적이건 개인적으로건 만나게 되었을 때도 이해할 수 있는 폭을 넓힐 수 있는 지침으로 삼아본다면 인간에 대한 폭넓은 이해도 가능해진다. 물론 성격은 단편적으로 드러나는 것이 아니고 10개의 성향에서 어떤 성향이 드러나고 또 드러난 성향이 어떤 식으로 결합하는지에 따라 성향이 복합적이기 때문에 단정하기는 어려우므로 자세한 것은 전문가와 상담을 하는 것이 좋다. 또 도사폰 같은 앱이나 사주풀이도우미 등 만세력을 제공하는 온라인 사이트에서 자신의 생년월일시를 입력하면 사주팔자 원국이 나오므로 이를 근간으로 하면 조금 더 정확한 판단에 도움이 될 수 있다.

(1-1) 비견
'자존심' 성향에 대한 성찰

1) 고집과 자존심이 강해 자신이 원하는 일을 해야만 만족하고 사람과의 관계에서 자존심이 상하는 경우가 많아 인간관계에서 스트레스를 받기 쉽다. 다른 사람의 이야기를 듣기보다는 독단적으로 판단하고 진행하는 경우가 많고, 하고 싶다가도 같은 일로 남에게 지시를 받으면 딱 하기 싫어지는 청개구리 기질도 있다.

2) 다른 사람과의 협업보다는 독자적으로 일을 처리하고 그 일에 대한 책임을 지는 일이 적합하다. 어쩔 수 없이 상황에 의해 떠밀려 어떤 일을 억지로 하게 될 때는 그렇게 일을 만든 사람을 원망하기 쉽지만 자기 스스로가 정해서 결정한 일에 대해서는 남다른 책임감을 갖는다.

3) 일이 조금만 잘 풀려도 자존감이 살아나서 무엇인가를 새롭게 하려는 의욕도 금세 충만해지지만 일이 풀리지 않으면 자존감이 급속히 떨어져 심리적으로 바닥까지 경험한다. 자존심이 강하면서 생각과 고민이 많지만 감정표현이 잘 안 되는 성향이 합쳐진 사람은 일이 안 풀리는 상황에서 고민과 부정적인 감정이 쌓이기만 하고 표출이 안 되어 정신적으로 심한 고통을 겪기도 한다.

4) 지금 어떤 일을 하고 있던 장기적으로는 자기 분야에서 독보적인 위치에 올라설 수 있도록 준비하는 것이 좋고, 무엇보다 자신이 하고 싶은 일을 했을 때 다른 사람에 비해 그 성과도 빨리 나오고 만족감도 클 수 있다. 누구나 자기가 하고 싶은 일을 할 때 행복하지만 특히 더 그렇다.

5) 이성을 만날 때는 상대가 권위적이라거나 자기주장이 강해서 주도권을 쥐려는 상대는 만나지 않는 것이 좋다. 연애를 할 때 상대방에게서 불만이나 불평, 또는 고쳤으면 하는 점을 지적받으면 자기 자신 자체에 대한 비난으로 받아들여 괴로워하고 견디지 못하는 기질도 있다.

(1-2) 겁재

'경쟁과 승부욕' 성향에 대한 성찰

1) 어차피 경쟁의 연속인 인생의 과정에서 그 누구보다도 스트레스를 많이 받을 수 있는 기질을 가지고 태어났다. 승부욕이 강하여 지는 것을 싫어해서 상황이 좋지 않게 흘러갈 때 반전을 하기 위해 무모하게 무언가를 하려다가 크게 실패하는 경우가 있을 수 있으니 주의해야 한다.

2) 무엇보다 성공의 체험을 하는 것이 중요하다. 작고 큰 성공의 체험들이 자신을 더 강하게 만든다. 그런 성공의 자신감을 가지고 미래의 자신에 대한 이미지를 만들어간다면 좋은 결과가 있을 수 있다. 다만, 지나치게 다른 사람의 시선에서 행복을 느끼거나 크게 좌절하는 경우도 있어 남들의 시선에서 조금 벗어나려고 노력하는 것이 더 좋다.

3) 누군가를 이겨서 누르고 자신을 과시하는 것으로 이 '경쟁과 승부욕 성향'을 진정으로 채울 수는 없다. 『손자병법』 모공편에 이런 말이 있다. '백 번 싸워 백 번 이기는 것을 최고라 하지 않는다.(百戰百勝非善之善者也, 백전백승비선지선자야) 싸우지 않고 굴복시키는 것을 최고라고 한다.(不戰而屈人之兵善之善者也, 부전이굴인지병선지선자

야)' 어쩌면 상대방을 굴복시킬 필요도 없다. 근본적으로 보면 타인과의 관계에 있어서 위계의 우위에 자리하면서 채워질 수 있는 마음이 아니다. 경쟁과 승부욕이 무의미해질 수 있는 고매한 인격과 마음의 경지에 오르는 것이 최선이다. 결국은 자기 자신의 마음의 문제이다. 어떤 인격인가에 따라서 앞으로 다가올 미래의 운이 크게 변할 수 있다.

4) 다른 사람에게 무엇인가를 가르쳐서 상대보다 우위에 있다는 것을 즐기고 만족하는 성향도 있다. 하지만 가만히 아무것도 상대에게 하지 않고 가르치지 않는 것이 오히려 사람들에게 영향을 미칠 수 있다. 우리가 생각하는 방식, 살아가는 태도와 사는 모습을 보고 타인이 그것을 따라 하고 싶게 만드는 것이다. 이것만큼 강력하게 타인에게 긍정적인 영향을 미칠 수 있는 방법은 없다.

5) 공부를 해도 도서관에서 불특정 다수와 경쟁하면서 해야 성적도 더 잘 나올 수 있는 스타일이다. 이성을 만날 때는 조금 더 관심을 가지고 따뜻하게 대해주어야 한다.

내가 변해야 비로소 운명이 바뀐다 - PEOPLE

(2-1) 식신
'연구와 분석' 성향에 대한 성찰

1) 하나를 파기 시작하면 누가 말려도 반드시 끝장을 보고 마는 성격이다. 그 집중도와 몰입도도 강해서 주변을 돌아볼 여력도 없다. 연구원, 기자 등 궁리하고 분석하는 일에서 두각을 나타낼 수 있지만, 인간관계에서는 정감이 없이 따지고 파고드는 태도로 자칫 팍팍해질 수 있으니 주의가 필요하다.

2) 인간관계를 일의 잣대로만 분석하려고 한다면 주변의 사람들이 피곤함을 느낄 수 있다. 주변에 사람이 많지 않을 수 있다. 물론 사람을 많이 두고 적게 두고 사는 것은 개인의 취향일 수도 있지만, 자신의 주변에 있는 사람이 당신의 분석적이고 치밀하고 막힌 성향에 대해서 딱히 말하기도 어려울 것이다. 말하기는 조심스러지만, 그냥 넘어가기도 애매한 불편함은 없어야겠다.

3) 이성을 만나도 너무 지나치게 몰아붙이거나 따지지 말고 때로는 그냥 넘어가 줄 수도 있어야 그 사랑을 키울 수 있다. 군이 이성이 아니라고 하더라도 자신의 기준이나 가치관과 맞지 않는다고 해서 쏘아붙이고 몰아붙일 필요는 없다. 우리는 각자가 모두 다른 생각을 하고 살아간다. 세상을 자신의 기준으로만 맞춰서 살려고

하는 것은 실현하기 어려운 욕심이다.

4) 누군가의 잘못을 우연히 발견하게 되었을 때도 덮어주고 넘어가 주는 아량도 필요하다. 하나하나 따지고 잘잘못을 이야기하면 자기 속은 잠시 편할 수 있을지 모르지만 그것뿐이다. 점점 주변에 사람도 없어지고 외롭게 된다. 조언을 구할 수 있는 선배도, 가끔 술 한잔하며 인생에 대해 이야기할 친구나 후배도 없어지게 된다.

5) 또 자기 기준에서의 잘못이지 보편적으로는 크게 문제가 안되는 행동일 수도 있다. 설령 정말로 잘못했다고 한다면 잘못한 사람도 그 잘못을 알고 있다. 당신이 자신의 잘못을 알고 있는 것도 알고 있을 수도 있다. 상대방의 잘못을 눈감아주고 너그러이 넘어가 주는 것은 배려이다. 그렇게 배려받은 용서는 다른 용서를 부른다. 용서받은 사람은 또 다른 누군가를 이해하고 용서해줄 수 있다. 너무 팍팍하게 하나하나를 따지면서 옳고 그름을 나누려고 하지 말고 그냥 묻고 넘어갈 줄도 아는 아량을 조금씩 베풀어본다면 집착했던 그 기준도 그리 중요한 것이 아니라는 것을 깨달을 수도 있을 것이다.

6) 이 식신의 성향은 자신의 틀을 크게 바꾸는 것을 싫어하고 어

렵게 바꾸면 또 그것을 지키려고 한다. 신중하기 때문에 변화를 좋아하지 않는다. 지나치게 신중하면 뭐든 일단 벌리고 행동하기가 어렵다. 이것은 이제껏 하지 않았던 새로운 일들을 하면서 새로운 자극을 받으며 인생이 변화할 수 있는 가능성에 문을 닫고 산다는 말이기도 하다. 이런 식신의 성향이 강한 경우 노년이 되어 이사를 해서 새로운 환경에 노출되는 것은 큰 스트레스이기 때문에 건강에도 악영향을 미칠 수 있다.

(2-2) 상관
'사교성과 표현력' 성향에 대한 성찰

1) 사람 만나는 것을 즐거워하고 주변에 사람이 많다. 깊이 있게 친한 몇몇을 사귀기도 하지만 폭넓게 많은 사람을 알고 지내는 경우가 많다. 인간관계에서도 융통성이 있어서 답답하지 않다.

2) 말하는 것을 좋아하고 자신의 감정을 다양한 각도에서 세밀하게 잘 표현한다. 표현력이 좋고 자신의 감정에 대해서도 디테일하게 잘 이해하고 있고 말할 수 있으니 사람을 사귀거나 연애를 잘할 수 있는 성격이기도 하다. 대체적으로 애교가 있는 편이고 살갑게 굴 수 있다.

3) 1시간짜리 드라마를 본 후 드라마의 내용을 자신의 일상 이야기와 감정을 섞어서 능히 1시간 반 이상은 재미있게 이야기할 수 있는 기질이다. 말이 다소 많은 편에 속한다. 이런 상관이 강한 사람 둘이 만나서 이야기를 하는 것을 듣고 있으면 그 사이에 비집고 들어가 낄 틈이 없는 경우가 많다.

4) 그렇게 많은 스트레스를 받는 편도 아니다. 굳이 어디를 가거나 하지 않아도 집 앞에서 차 한잔을 마시면서 이야기를 하더라도 즐겁고 유쾌할 수 있는 타입이다. 그래서 현재에 몰입하여 즐길 수 있는 면이 강한 편이다.

5) 다만, 즉흥적인 면이 있어 비록 이런 점이 임기응변에는 강한 면도 있다 하겠으나 분위기에 휩쓸려 충동적이 되는 것은 주의해야 한다. 영업을 하거나 서비스직 등 사람을 만나는 일에 어울리고 성과를 나타낸다. 상관이 없는 사람들도 영업이나 서비스직을 할 수는 있겠지만 본인도 조금 불편하고 고객도 그렇게 편치 않을 가능성이 높다. 상관 성향이 있으면서 얼굴의 코가 길거나 크지 않고 다소 짧은 듯 작다면 사람을 많이 만나는 일에서 성공할 수 있다.

(3-1) 편재

'관리와 통제능력' 성향에 대한 성찰

1) 재(財)라는 것은 통제하고 싶어 하는 마음이다. 사람들은 늘 자신을 둘러싼 상황을 통제하고 싶어 하고 통제하고 있다는 기분을 느끼고 싶어 한다. 우울증이라는 것은 자신의 삶을 바꾸기 위해 자신이 할 수 있는 것이 아무것도 없다고 느낄 때 생기게 된다. 자신의 상황을 통제할 수 있는 힘을 박탈당하게 되면 우울한 마음까지 들게 되는 것이다. 자신이 통제할 수 없는 상황이 되면 '재'라는 것이 발달한 사람은 그 우울한 마음이 훨씬 커지게 된다.

2) 그 중에서 이 편재의 성향은 관리와 통제능력이 뛰어나고 공간지각 능력도 좋은 편이며 여행을 갈 때 짐을 정리하는 것도 잘한다. 자기 통제 하에 일목요연하게 정리하고 구분하는 것에 발군의 실력을 발휘한다. 적재적소에 사람이나 물건을 배치하고 일이 돌아가게 하는 능력이 있어서 일을 시키는 것을 잘하고 좋아하기도 한다. 지배욕이 있다.

3) 돈이라는 것은 내가 무엇인가를 통제하는 것이다. 자신을 제대로 통제할 수 있는 마음이 되어야 돈도 통제하고 잘 벌고 관리할 수 있다. 돈에 대한 개념이 아예 없는 편은 아니나 작은 돈에 관심

이 없고 일확천금에 대한 동경이 커서 직장인으로서 월급에 만족하기 어렵다. 이 정도의 월급을 받기 위해서 이렇게까지 일을 하나라고 생각하기 쉬운 구조. '아끼고 절약하고 차근차근 저축해서 잘 살자'라는 마음은 찾아보기 힘들다. 한방을 노리는 투기적인 경향이 크고 위험하더라도 고수익의 가능성이 있다면 투자하려고 한다. 발전과 변화를 좋아하여 모험을 감행하는 사업가적인 성향이 있다. 이런 성향이 있는 사람들이 보통 상담할 때의 질문은 '로또에 당첨될 수 있을까요?', '벼락부자가 가능할까요?', '떼돈을 벌 수 있을까요?' 이런 식이다.

4) 가난한 집안에 태어나면 힘겹고 재벌 집에 태어나면 순탄하고 행복한가. 부모로부터 받은 돈은 명백히 자기 돈이 아니다. 생활하는 데에 다소 편안함은 있겠지만 부모로부터 받는 돈만큼의 간섭이나 개입이 많아지게 되니 자주성을 갖고 살기가 어렵다. 돈은 다른 사람들에게 얼마나 인정을 받고 있고 자신의 일이 잘 진행되고 있는지에 대해 보여주는 수치이다. 이 수치인 돈은 오직 자신이 벌었을 때 당당하게 누릴 수 있다. 부모가 준 돈, 그러니까 자신이 벌지 않은 돈으로 좋은 차나 큰 집 같은 호사를 누리고 있는 사람들을 부러워할 하등의 이유가 없다. 감당할 수 없는 물을 담아두려고 하는 땅의 욕심은 흙탕물이 되어 정처 없이 흘러 없어질 뿐이다. 부질없다.

5) 항상 새로운 일에 대한 도전으로 큰돈을 벌고 싶은 욕구가 강하다. 돈에 대한 스케일이 커서 벌 때도 크게 벌고 나갈 때도 시원하게 크게 나간다. 인생의 롤러코스터를 맛보기 쉬운 구조다. 돈이 크게 들어오거나 크게 나갔을 때는 일단 멈춰야 한다. 돈이 들어왔을 때도 그 돈이 서서히 내 인식에서 자신의 돈으로 정착이 될 때까지 시간이 필요하고 돈이 나갔을 때도 그 사라진 돈을 현실로 직시해서 인정할 수 있는 시간이 필요하다. 그렇지 않으면 들어온 돈은 이내 곧 나가게 될 것이고 나간 돈의 몇 배의 돈이 더 크게 깨질 가능성만 남게 된다.

6) 만나는 이성에게 이것저것 잘 시키고 지시하는 스타일이 되기 쉬워 상대는 조금 잡혀 사는 스타일이 좋다. 기질이 너무 세거나 권위적인 상대는 잘 맞지 않는다.

(3-2) 정재
'꼼꼼함' 성향에 대한 성찰

1) 소유욕이 있다. 확실하고 분명한 것을 좋아하고 소유를 해도 완벽하게 모두 소유하고자 하므로 다소 집착이 있다. 물건에도 친구나 연인관계에도 다소 집착이 있어서 이런 정재의 성향이 있으

면 확실하고 분명한 것을 좋아하므로 불안함을 자주 느낀다. 만일 아직 연인이 없어 불안한 마음이 있다면 연인이 생겨도 불안하기는 매한가지이다. 현재 자신의 연인이 어디에서 누군가와 무엇을 하고 있는지 확실하게 알고 있어야 불안하지 않고 마음이 편하다.

2) 자기 사람이나 자기 물건에 대한 애착이 강하다. 그래서 내 사람과 남, 내 것과 남의 것에 대한 구분이 명확하고 확실하게 구분하기를 원한다. 다소 정 없게 느껴질 수도 있으나 그것과 무관하다. 그냥 구분하는 것을 좋아하는 것이다.

3) 재(財)라고 하는 것은 돈을 말하기도 한다. 재라고 하는 돈의 성향이 강한 사람들은 부지런하고 성과 지향적이라 야무지다. 돈 계산이 빠르고 돈 되는 일에 관심이 많고 돈 되는 일이라면 마다하지 않는다. 재의 성향이 지나치게 강하면 그것도 문제다. 돈 창고를 여러 개 가지고 태어나서 창고에 돈을 계속 채워야 하는 운명이다. 채우고 채워도 채워지지 않고 만족이 안 되니 계속 그렇게 산다. 지쳐도 멈추지 못하니 몸도 망가지고 돈에 대한 집착이 강하니 주변 사람들에게서도 좋은 소리를 듣기 어렵게 된다. 태어난 성향이 그렇게 태어난 것을 어쩌겠냐마는 일을 잘 놓지 못하니 어떤 면에서는 고단한 인생이기도 하다.

4) 이재(理財)에 밝아 돈에 대한 개념이 확실하여 수입과 지출이라는 돈의 흐름을 꿰차고 있다. 작은 돈에 대해서도 꼼꼼하게 챙기는 스타일로 돈에 인색한 면이 있을 수 있다. 돈 때문에 기쁘고 우울하고 돈에 의해 쉽게 마음이 좌지우지된다.

5) 일단 일을 시작하면 마무리까지 가서 성과를 내는 야무진 면이 있다. 위험이 있는 것을 싫어하고 안정적인 것을 좋아하여 크게 사고를 칠 스타일은 아니다. 확실한 것을 선호하여 분명하게 결론을 내리지 않는 것을 잘 못 견딘다. 그래서 인생이라는 불안정한 삶에 답답함을 많이 느끼게 된다. 이런 성향이 심한 경우 길을 걸을 때 빌딩에 걸려 있는 간판이 떨어지지는 않을까 걱정하기도 하고 차량이 인도로 돌진해서 들어오면 어쩌지 하는 불안한 마음으로 걸으면서 차도 쪽을 자주 쳐다볼 수도 있다. 하지만 애초에 우리가 안심하고 안정될 수 있는 상황이라는 것은 존재하지 않는다. 인생을 너무 선명하게 보려 하지 않는 게 현명하다. 늘 불안하고 인생이 어떻게 될지 알지 못하는 상태가 정상이다.

6) 치밀하고 분명한 것을 좋아해서 약간의 집착도 있기 때문에 이성교제에서 상대를 답답하게 만들 소지가 있다. 만난 지 얼마 되지 않아도 결혼할 상대인지 아닌지 결론을 스스로 내야 편안한 마음이 들기도 한다. 하지만 일단 자기가 만나는 사람이라고 생각하

면 열과 성의를 다한다.

7) 일로는 실제 현금을 만지는 업무나 보수적인 행정업무도 맞다고 할 수 있다. 성공보다 안정된 것을 좋아하고 결과가 예측 가능한 환경에서 편안함을 느끼므로 위험요소가 있는 사업보다는 회사에서 근무하는 것이 어울린다. 강박이 다소 있으며 건강에도 신경을 많이 쓰는 편이다. 미식가로 맛집을 좋아한다.

(4-1) 편관
'희생과 참을성' 성향에 대한 성찰

1) 참고 인내하고 버티는 데는 일가견(一家見)이 있다. 그러니 곁에서 보면 착하고 온순한 사람, 좋은 사람으로 보이지만 그 이면을 조금만 더 들여다보면 속은 썩어가고 있다. 쌓인 스트레스로 곪아 터져가고 있다. 참고 인내한다는 것은 정도에 따라서는 더 큰 화를 면할 수 있지만 너무 강해도 속병 들기 쉽다.

2) 이런 성향이 있는 데다가 자신의 감정을 잘 표현하는, 앞서 말한 상관이나 식신의 성향마저 없다면 속병이 들기 딱 쉽게 된다. 자신을 둘러싼 굴레를 벗어던지고 조금 자유롭게 하고 싶은 말을

내가 변해야 비로소 운명이 바뀐다 - PEOPLE

하고 살 수 있어야 한다.

3) 알게 모르게 쌓여간 감정 때문에 가끔 욱하기도 한다. 특히 예의를 중요하게 생각해 예의를 갖춘 사람에게는 지나칠 정도로 정중하지만 그렇지 않은 사람에게는 민감하게 반응해 버럭 화를 내기도 한다. 군인, 경찰 같은 면도 있어 명분과 명예를 중요하게 생각하고 옳지 않은 일에는 발을 들여놓지 않는다.

4) 남들 눈치 보고 남의 처지를 배려하고 체면을 세워주느라 정작 자신은 기진맥진 모든 기력이 쇠해지고 있다. 가난한 집안환경 때문에 동생들 공부시키고 뒷바라지 하느라 어려서부터 일을 하고 먹여 살리면서 희생하는 타입이다. 남의 집 귀한 딸 데려와서 고생시킬 수 없다면서 집이며 차에 돈도 어지간히는 벌어놔야 결혼을 할 수 있다고 생각한다. 여기까지만 해주고 인제 그만 하겠다는 말을 입에 달고 산다. 일단 내가 살고 남을 배려할 일이다. 기가 죽어 있고 기죽은 마음이 얼굴에 다 반영되니 얼굴도 눌려 있다. 그 구김살부터 활짝 펴야 한다.

5) 주어진 일이라면 어떤 역경과 고난도 참아낼 수 있는 근성도 있다. 보통 사람보다 참는 것은 도가 지나치게 잘해서 오히려 병인 모양새이다. 그래서 아파도 남들도 이 정도는 참는 것이라고 생각

하고 잘 참아낸다. 여자가 이런 성향이 많아서 강하면 어떤 남자가 들어와도 참고 버티면서 고단한 삶을 이어가기 쉽다. 견디고 버티 며 이혼도 안 된다.

6) 인간관계에서도 상대가 하는 말이나 행동이 싫어도 말도 못 하고 싫은 티도 못 낸다. 어쩌다 의외로 한마디라도 하는 날이면 집 에 돌아와 영 마음이 편치 못하다. '괜한 말을 한 것 같네'라면서 말 이다. 말해도 편치 못하고 말 안 해도 답답하니 그냥 좋게 넘어가자 는 생각으로 꽉 차게 되고 그렇게 생활하게 된다.

(4-2) 정관
'합리성과 명예욕' 성향에 대한 성찰

1) 남의 눈에 내가 어떻게 비치는지에 대한 관심이 지대하다. 인 정받는 것을 좋아하고 남들의 평판에 지나치게 신경을 쓴다. 실리 보다는 명예나 명분을 중요하게 생각하니 다소 실속이 없을 수 있 다. 체면치레를 하는 경우도 종종 있다. 정관의 성향이 강하면 명성 과 권위를 갖기를 원하게 된다.

2) 남들이 행복하다는 기준과 잘 나간다는 기준에 맞춰서 자신

내가 변해야 비로소 운명이 바뀐다 - PEOPLE

을 만들고 싶은 욕구가 강하다. 명예욕이 강해 고위 공무원이나 경찰, 군인 등 대의명분을 중요하게 생각하는 조직에서 관록을 먹는 경우가 많다. 요즘은 대기업 등 큰 조직에서 임원까지 올라가기 위해 다른 모든 것을 포기하고 매진할 수 있는 타입이라고도 볼 수 있다.

3) 남들의 시선과 기준에서 잘 살고자 하는 욕구는 경제적으로도 보란 듯이 잘 살고자 하는 욕심으로 나타날 수도 있다.

4) 반면에 합리적이기 때문에 무모한 짓은 잘 하지 않고 남의 눈을 지나치게 의식하기도 하지만 상황에 맞춰 자신을 바꿔갈 수 있는 점은 장점이라고 할 수 있다. 타인의 시선에 대한 강박으로부터 벗어나 자기 모습 그대로를 바라보는 것이 중요하다.

(5-1) 편인
'의심' 성향에 대한 성찰

1) 눈에 보이지 않는 신비스러운 것에 대한 관심이 많은 편이고, 또 의심도 많아 부정적으로 받아들이는 면이 있다. 의심하고 또 의심하고 그래도 모자라 다시 확인하는 성향이다. 이 '의심'의 성향

이 '꼼꼼함'의 정재 성향과 만나게 되면 한번 걸리면 숨도 못 쉬는 지경으로 만들 수 있다. 자신이 스스로 납득할 때까지, 확실한 답이 나올 때까지 의심에 의심을 하게 될 테니 말이다.

2) 이런 면 때문에 인간관게는 다소 좁을 가능성이 높고 체계적으로 분석하기보다는 느낌으로 오는 직관을 믿는 편이기도 하다. 하지만 직관이 발달했다고 하더라도 전적으로 의지하기에는 위험하니 항상 주의가 필요하다.

3) 이런 편인과 정인이 많이 있으면 잡념, 망상, 택도 아닌 생각, 의심, 고민이 많다. 창의적이기도 하다. 생각이 꼬리에 꼬리를 물며 끊이지 않아서 가만히 집에 앉아서 생각하는 것만으로 온종일 능히 시간을 보낼 수 있다. 잡생각 때문에 지금 현재에 잘 몰입이 되지 않는다.

4) 현재에 몰입이 어렵다는 것은 집중력이 떨어지고 일의 효율성도 낮아지지만 더 큰 문제는 행복을 느끼기 힘들다는 것이다. 머릿속에서 일어나는 생각과의 고리를 끊고 '지금, 여기(Now, Here)'에 몰입이 되어야 행복을 느끼고 지난 후에 곱씹을 수 있는 추억이 될 수 있는데 그게 잘 안 된다.

(5-2) 정인(인수)

'직관력과 정(情)' 성향에 대한 성찰

1) 정(情)이 많고 느낌이 발달하여 논리보다는 마음이 가는 대로 뭔가를 했을 때 정답일 확률이 높다. 하지만 순수하여 남의 말을 잘 받아들여 믿기 때문에 사기를 당하거나 속기 쉬우므로 주의가 필요하다.

2) 따뜻함이 있어 기본적으로 사람에 대한 애정과 사랑이 가득하고 쉽게 다른 사람의 처지에 공감하여 애처로움을 느끼기 쉽다. 그러니 자신이 만나는 이성에 대해서 따뜻하게 대하고 이벤트를 자주 하는 로맨티스트 기질이 다분하다.

3) 하지만 머릿속은 항상 복잡해서 지난 과거에 대한 생각도 많고 앞으로 닥칠 일에 대한 걱정과 고민도 많은 편이다. 한마디로 걱정이 팔자다. 일은 진취적이고 진보적인 일보다는 다소 보수적인 성향의 일이 맞는다고 할 수 있다.

4) 생각이 많다는 것은 실행을 하는 데에 주저하거나 망설인다는 이야기이기도 하다. 두려움이 생기기 때문이다. 미리 계획하기 위한 상상은 좋지만 일어날 가능성이 거의 없는 일에 에너지를 쓰

지는 말아야 한다. 일어나지도 않을 일에 대한 괜한 걱정은 소중한 에너지만 소모시킬 뿐이다.

생각이 많아 누군가를 만나 앞에 두고도 머릿속에서는 계속 딴 생각이 난다. 주고받는 이야기 주제에 연계된 다른 생각들이 줄곧 떠오르니 눈은 상대를 보고 있어도 집중이 잘 안 된다. 멍 때리는 경우가 많고 아스라이 저 창밖 너머를 바라보는 듯한 초점이 없는 시선이 되기 쉽다. 길을 걸으면서도 생각에 잠겨 주변 사람이 잘 보이지 않는다.

5) 상관이나 식신 같은 표현하는 성향마저 없다면 생각은 계속 쌓이지만 그 생각이 빠져나갈 출구는 없으므로 꽉 막혀 답답하게 생각이 정체되게 되니 골치가 아플 지경이다. 생각이 머릿속에 가득 차 있고 담아만 두면 문제가 터질 수 있다. 생각이나 감정을 해소할 수 있는 방법을 찾아야 한다. 풍선에 생각이라는 물을 계속 넣으면 어느 선까지는 부풀어져 올라 견디겠지만 한계에 도달하면 결국 풍선은 터지고 만다.

6) 특히 생각이 많은 사람에게 있어서 말을 하여 표현하고 실행하여 행동으로 옮기는 것은 이 답답한 상황을 돌파할 수 있는 유일한 방법이다. 이것이 실행력이고 돌파력이다. 물은 고여 정체되어 있으면 썩게 되고 만다. 썩기 전에 미리 물꼬를 터주어 물이 자연스

럽게 흘러갈 수 있도록 해주어야 한다. 깊은 생각만으로는 아무것
도 되지 않는다. 도리어 겁만 나게 된다.

7) '걱정이 팔자'이니 소위 '걱정노트'를 만들어보는 것도 좋다.
일과를 마치고 집에 들어가 혼자만 있을 수 있는 시간을 확보해야
한다. 처음에는 잠들기 전 두 세 시간 정도도 좋다. 날짜가 있는 다
이어리를 펴고 오늘 날짜에 지금 고민하고 있는 것을 적는다. 단어
도 좋고 문장도 좋다. 생각나는 대로 쭉 적어본다. 그리고 어렵겠지
만 정해진 시간이 지나면 덮는다. 그리고 의식적으로 잊는다.

다음날 일상을 할 때는 가급적 고민이나 걱정이 생겨도 자기 전
에 정리하겠다는 마음을 가지고 머리를 비우려고 노력한다. 처음
에는 고민이나 걱정이 되는 단어 정도를 핸드폰에 메모해두고 저
녁에 다이어리에 옮겨 적는 것도 괜찮다. 그렇게 하루가 지나고 다
시 자기 전에 다이어리를 펼치고 어제 적은 걱정과 고민을 살펴보
면 하루 시간이 지나갔는데 그냥 해결된 것도 있을 것이다. 그러면
지운다. 아직도 풀리지 않은 문제는 오늘 날짜로 다시 이월하여 옮
겨 적는다. 또 오늘 새롭게 고민되는 내용도 적는다.

이런 식으로 반복하다 보면 처음에는 자기 전 세 시간도 부족할
수 있지만 점점 시간은 줄게 되어 하루에 15분 정도면 자신을 돌아
볼 수 있는 시간이 된다. 이렇게 하면 일상에서 쓸데없이 다른 생각
을 하느라 머리 아픈 일도 없게 되니 생기와 행복도 찾을 수 있다.

나는 무엇을
욕망하며 사는가

현재 자신이 처한 처지에 대한 절박함은 그것으로부터 벗어나고자 하는 강한 동기를 만들어낸다. 건강하지 못한 자는 건강 회복에 가장 관심이 많고, 돈 때문에 끼니를 걱정해야 하는 처지라면 돈을 벌고 모으고 싶은 욕구가 강해진다. 처한 처지가 단기간에 바뀔 수 없는 문제라면 일부 체념하게 되고 무표정하고 건조하게 일상의 굴레를 버텨나간다. 돌파구가 없으므로 희망도 없고 그냥 살아가고 살다 보니 또 살아진다.

이때 포기만 하지 않는다면 어떻게든 살아가려고 하니 에너지가 모이게 되고, 장기전이 될 수도 있지만, 버티다 보면 조금씩 어둡고 긴 터널의 출구가 보이기 시작한다.

이렇게 시간이 지나가 큰 고통과 고민이 해결되면 오히려 그때부터 뒤늦게 맥이 빠진다. 어떻게든 살려고 버텼던 노곤함이 뒤늦게 밀려들어와 지치게 되고, 조금 여유가 생기게 되자 같은 또래의 타인의 삶이 보이기 시작하여 상대적으로 빈곤감을 느끼게 된다.

그리고 행복을 고민한다. 인생에서 내가 진정으로 지향하고 원하는 것은 무엇인가에 대한 깊은 고민은 항상 밤잠을 설치게 한다. 막연하게 행복해지고 싶다는 욕망은 고민이 깊어질수록 조금 더 구체적인 가치에 대한 고민으로 좁혀진다.

나의 행복은 어떻게 만들어지는가. 내 행복에 적극적으로 관여하는 가족이나 애인의 행복은 어디에서부터 오는가. 그것들이 뒤섞여 자신의 행복이 만들어진다.

자존심, 경쟁과 승부욕, 연구와 분석, 사교성과 표현력, 관리와 통제능력, 꼼꼼함, 희생과 참을성, 합리성과 명예욕, 의심, 직관력과 정(情).

이러한 10개의 사주학적 성향이 어떻게 어우러지고, 또 쏠려 있고 결핍되어 있는지에 따라서 만들어지는 자신의 기질에 의해 자신이 진정 욕망하는 것이 무엇인지에 대한 답에 가까워질 수 있다.

그것은 건강이나 돈일 수도 있고 일에서의 성공, 진정한 사랑의 인연, 좋은 사람들과의 만남이나 가족과의 화목일 수도 있다.

어쨌든 단지 소외되지 않으려고 남들과 함께 하려 하고, 자신의 욕망이 무엇인지도 모른 채 타인의 욕망을 막연하게 욕망하며 행복을 지향하고 있다는 착각에서 벗어날 수만 있어도 충분히 자신을 알아가는 성찰에 가까워졌다고 할 수 있을 것이다.

TIME

SPACE

PEOPLE

자신에 대한 통찰, '나'를 안다

- '나 혼자여도 괜찮다'는 자신감을 가지고 혼자서도 안정이 될 수 있는 '당당함'을 배우는 고독의 시간을 가져야 한다. 진정한 '나'를 알아가는 내공을 쌓아가는 시기인 셈이다.

- 영화 속에서 평범하기 그지없고 밋밋한 삶을 사는 주인공이 없듯, 오만가지의 우여곡절을 겪고 이겨내는 것이 내 인생의 주인공이 되는 것이다.

- 사주명리학에서 나를 알아가는 첫 단계는 음양오행을 이해하는 것이다. 오행이 음과 양을 만나서 10개의 기운이 되는데, 큰나무, 작은나무, 큰불, 작은불, 넓은땅, 촉촉한땅, 단단한바위, 날카로운 금속 또는 보석, 큰물, 옹달샘으로 이해하면 된다.

- 사주팔자의 8개의 글자 중 '날짜에 해당하는 기둥의 위 글자'는 자기 자신을 뜻하며 이를 중심으로 나머지 7개의 글자와의 관계를 보고 타고난 성격과 기질을 파악할 수 있다.

- 타고난 성격과 기질 10가지를 알아보며 객관적으로 나와 타인에 대한 통찰을 시작한다.

- 10가지 성향에 대한 조언을 바탕으로 나를 바꾸는 힘을 키운다.
  비견 / 겁재 / 식신 / 상관 / 편재 / 정재 / 편관 / 정관 / 편인 / 정인

- 10개의 사주적 성향이 어떻게 어우러지고, 또 쏠려 있고 결핍되어 있는지에 따라서 만들어지는 자신의 기질에 의해 자신이 진정 욕망하는 것이 무엇인지 고민할 때이다.

운마저 기꺼이 나눠줄 때
길운의 앞날이 펼쳐진다

"도에 관심이 있으세요?"

　대학시절 신촌 어딘가에서 혼자 길을 걷고 있을 때 한 남자가 불쑥 다가와 대뜸 던진 질문이었다. 요즘 같으면 아무런 말도 없이 대꾸도 하지 않고 지나갔겠지만 그때는 일단 솔직하게 대답했다. "네, 관심 있는데요"라고 말이다. 의외의 반응에 놀랐는지 한 발짝 뒤로 물러서며 나를 응시했다. 그러면서 말을 이어갔다. 얼굴을 보니 굉장히 잘 풀릴 수 있는 좋은 기운을 타고 났는데 무언가 하나를 풀어야 한다는 이야기였다.

　누구한테나 할 만한 뻔한 이야기였지만 무슨 이야기인지 궁금하기도 하여 이야기를 주고받았다. 그러더니 근처 카페로 안내하며 깊은 이야기를 원했다. 친구와의 약속시간이 조금 남아 있기도 하고 워낙 관심도 많고 궁금하기도 해서 따라갔더니 혼자였던 남자 옆에 다른 남자와 여자까지 붙어 나를 둘러싸고 있었다. 한참 동안 이런저런 이야기를 나눈 것 같다. 물론 사주명리학을 공부하고 있고 상담도 하고 있다는 말은 전혀 하지 않았다.

 지금도 나는 여전히 도에 관심이 있다. 마땅히 지켜야 할 도리를 지키며 어긋난 말이나 행동을 삼가고 깊이 이치를 깨쳐 깨달음의 경지를 얻기 위해 수양에 힘쓰는 일말이다. 자신을 둘러싼 공간에 대해서도, 나와 인연이 닿은 사람들에 대해서도, 그리고 가장 잘 알고 있는 것 같지만 여전히 친하지 않고 자신으로부터 가장 소외받고 있을 '나'라는 사람에 대해서도 마땅히 지켜야 할 도리를 하면 된다. 더하고 덜할 것도 없이 도리를 하면 무리가 가지 않으니 몸과 마음이 애쓰지 않아도 된다.

 공간에 예의를 다하는 일, 그럴만한 이유가 있지 않겠냐고 타인들을 이해하고 당신이 아프면 나도 아프다는 측은지심의 마음을 갖는 일, 그리고 이런 세상에 태어나 어떻게든 살아보려고 힘쓰고 있는 나라는 존재에 대해서도 바르게 예를 지키는 일, 이 세 가지에 대해서 고민하고 실천하려는 마음을 갖는다면 당신의 운도 달라질 수 있다. 이제껏 힘들게 느껴졌던 경험에서 벗어나 새로운 운을 맞이하고 그 운을 타고 세상 속에서 당당하고 행복하게 살 수 있다.

그리고 그렇게 얻어진 운은 자신보다 운이 약한 사람들을 위해 기꺼이 나눠줄 수 있어야 한다. 기부를 하는 것처럼 운도 나눠 운이 없는 사람들에게 살 수 있는 힘을 줘야 한다. 운을 나누는데 망설이거나 주저함이 없어야 한다. 운을 독점해서는 안 된다. 이런 마음은 또 다른 길운으로 당신에게 다가올 것이다.

당신의 인생을 가까이서 보지는 못했지만 이 책을 읽고 있는 당신도 아파하고 괴로워하고 슬펐던 인생의 경험이 있을 것이다. 길을 가다 왈칵 눈물이 쏟아지고 화장실에서 눈물을 삼키고 밖에 소리가 들릴까 이불을 덮고 꺼이꺼이 소리를 내며 울고 또 누군가의 앞에서도 슬퍼하며 힘들어했던 아픈 기억도 분명 있을 것이다. 그런 아픈 당신이 부디 이제부터는 더 당당하고 행복할 수 있는 운명과 마주 대하기를 진심을 다해 간절히 기도한다.

박성준

돈보다 운, **상위 1%** 운의 비밀

운의 힘

2020년 9월 14일 1판 1쇄 인쇄
2024년 5월 24일 1판 8쇄 발행

저　　　자　박성준
발　행　인　유재옥

이　　　사　조병권
출판본부장　박광운
편　집　1　팀　최서영
편　집　2　팀　정영길 조찬희 박치우 정지원
편　집　3　팀　오준영 이소의 권진영
디자인랩팀　김보라 박민솔
디지털사업팀　박상섭 김지연 윤희진
라이츠사업팀　김정미 맹미영 이윤서
영업마케팅팀　최원석 박수진 이다은
물　류　팀　허석용 백철기
경영지원팀　최정연
발　행　처　(주)소미미디어
제　　　작　코리아피앤피
외주 디자인　올디자인 그룹
등　　　록　제2015-000008호
주　　　소　서울시 마포구 토정로 222, 502호(신수동, 한국출판콘텐츠센터)
판　　　매　(주)소미미디어
전　　　화　편집부 (070)4260-1393, (070)4260-1391 기획실 (02)567-3388
　　　　　　판매 및 마케팅 (070)8822-2301, Fax (02)322-7665

ⓒ박성준, 2020

ISBN 979-11-6611-158-7　03180